Einführung in die Rechtspsychologie

Jennifer von Buch · Romina Müller · Denis Köhler

Einführung in die Rechtspsychologie

Grundlagen und Praxis der Forensischen und Kriminalpsychologie

Jennifer von Buch
Köln, Nordrhein-Westfalen
Deutschland

Romina Müller
Düsseldorf, Nordrhein-Westfalen
Deutschland

Denis Köhler
Düsseldorf, Nordrhein-Westfalen
Deutschland

ISBN 978-3-662-65519-1   ISBN 978-3-662-65520-7 (eBook)
https://doi.org/10.1007/978-3-662-65520-7

Die Deutsche Nationalbibliothek verzeichnet diese Publikation in der Deutschen Nationalbibliografie; detaillierte bibliografische Daten sind im Internet über http://dnb.d-nb.de abrufbar.

© Der/die Herausgeber bzw. der/die Autor(en), exklusiv lizenziert an Springer-Verlag GmbH, DE, ein Teil von Springer Nature 2022
Das Werk einschließlich aller seiner Teile ist urheberrechtlich geschützt. Jede Verwertung, die nicht ausdrücklich vom Urheberrechtsgesetz zugelassen ist, bedarf der vorherigen Zustimmung des Verlags. Das gilt insbesondere für Vervielfältigungen, Bearbeitungen, Übersetzungen, Mikroverfilmungen und die Einspeicherung und Verarbeitung in elektronischen Systemen.
Die Wiedergabe von allgemein beschreibenden Bezeichnungen, Marken, Unternehmensnamen etc. in diesem Werk bedeutet nicht, dass diese frei durch jedermann benutzt werden dürfen. Die Berechtigung zur Benutzung unterliegt, auch ohne gesonderten Hinweis hierzu, den Regeln des Markenrechts. Die Rechte des jeweiligen Zeicheninhabers sind zu beachten.
Der Verlag, die Autoren und die Herausgeber gehen davon aus, dass die Angaben und Informationen in diesem Werk zum Zeitpunkt der Veröffentlichung vollständig und korrekt sind. Weder der Verlag, noch die Autoren oder die Herausgeber übernehmen, ausdrücklich oder implizit, Gewähr für den Inhalt des Werkes, etwaige Fehler oder Äußerungen. Der Verlag bleibt im Hinblick auf geografische Zuordnungen und Gebietsbezeichnungen in veröffentlichten Karten und Institutionsadressen neutral.

Fotonachweis Umschlag © stock.adobe.com/Jorm S

Planung/Lektorat: Joachim Coch
Springer ist ein Imprint der eingetragenen Gesellschaft Springer-Verlag GmbH, DE und ist ein Teil von Springer Nature.
Die Anschrift der Gesellschaft ist: Heidelberger Platz 3, 14197 Berlin, Germany

Vorbemerkung

Wir haben uns in diesem Buch um eine gendergerechte Sprache bemüht. Sollte dies nicht an jeder Stelle gelungen sein, bitten wir um Nachsicht. Um die Lesbarkeit zu erleichtern und aufgrund der Tatsache, dass der überwiegende Anteil an Straftaten von männlichen Personen begangen wird, haben wir diesbezüglich die männliche Form gewählt. Dies soll nicht in Abrede stellen, dass auch weibliche Personen Straftaten begehen. Diese vergleichsweise kleine Gruppe wird in diesem Einführungsbuch nicht eingehender behandelt. Die interessierte Leserschaft sei hierzu auf weiterführende Fachliteratur zu dem Thema verwiesen.

Inhaltsverzeichnis

1	Begriffsbestimmung – Was ist Rechtspsychologie?	1
2	Erklärungsmodelle für kriminelles Verhalten – Was sind das bloß für Menschen?	7
3	Schuldfähigkeit – Das ist doch „krank"!	21
4	Psychopathie – Was ist eigentlich ein Psychopath?	33
5	Tathergangsanalyse – Auf den Spuren von CSI	45
6	Kriminalprognose – Einmal Mörder, immer Mörder?	51
7	Jugenddelinquenz – Denn sie wissen nicht, was sie tun	65
8	Kriminalprävention und Straftäterbehandlung – Was machen wir denn jetzt mit denen?	77
9	Glaubhaftigkeit – Aussage gegen Aussage	93
10	Viktimologie – Ich bin kein Opfertyp!	105
11	Familienpsychologische Begutachtung – Du kriegst die Kinder nicht!	113
12	Richterliche Urteilsbildung – Vor Gericht und auf hoher See…	131
13	Qualifizierung – Wie wird man Rechtspsychologin oder Rechtspsychologe?	139
Stichwortverzeichnis		145

Abbildungsverzeichnis

Abb. 1.1	Die Säulen der Rechtspsychologie	4
Abb. 2.1	Das Allgemeine Aggressionsmodell von Anderson und Bushman (2002)	13
Abb. 2.2	Multikausales Entwicklungsmodell zur Erklärung kriminellen und dissozialen Verhaltens	15
Abb. 3.1	Rechtspsychologischer Prozess zur Frage der Schuldfähigkeit	29
Abb. 13.1	Fortbildungs- und Qualifizierungsmöglichkeiten in der Rechtspsychologie	140

Tabellenverzeichnis

Tab. 2.1	Begriffsdefinitionen normabweichender Verhaltensweisen nach Beelmann und Raabe (2007, S. 17)	8
Tab. 4.1	Prototypische Eigenschaften und Verhaltensweisen von Psychopathen	36
Tab. 6.1	Vier-Felder-Schema der Prognose	54
Tab. 6.2	Basisraten für Rückfälligkeit im Zeitraum von 2 bis 6 Jahren	56
Tab. 7.1	Diagnostischer Prozess nach von Buch und Köhler	72
Tab. 9.1	Straftaten gegen die sexuelle Selbstbestimmung in 2019	94
Tab. 9.2	Relevante Dimensionen für die Konstanz nach Lange et al. (2020)	100
Tab. 13.1	Forensische Disziplinen in Abgrenzung zur Rechtspsychologie	142

Begriffsbestimmung – Was ist Rechtspsychologie?

Die Rechtspsychologie, wie auch die Psychologie insgesamt, ist im Vergleich zu anderen wissenschaftlichen Disziplinen als eigenständige Fachrichtung relativ spät entstanden vgl. zur Übersicht Köhler, 2014; Köhler & Scharmach, 2013. Bereits im 18. Jahrhundert beschäftigten sich v. a. Theologen, Philosophen, Mediziner und Rechtswissenschaftler mit psychologischen Fragestellungen (Lück & Miller, 1999). Zu diesem Zeitpunkt wurde die Psychologie in der Entwicklungsgeschichte immer noch als Teilgebiet der eben genannten Disziplinen angesehen (Meischner, 1999). Insbesondere betrachteten bereits die Philosophen Platon und später Aristoteles die „Seele" und das „Leib-Seele"-Verhältnis. Explizit rechtspsychologische Schriften wurden aber erst hunderte Jahre später publiziert. Eine vertiefte Darstellung der historischen Entwicklung findet sich bei Köhler (2014) sowie Köhler und Scharmach (2013). In Bezug auf das Rechtssystem kritisierte Eckartshausen (1783) die damalige Sicht auf Verbrecher als oberflächlich und ungerecht. Er benannte als Ursachen von Verbrechen sowohl die Veranlagung als auch die Umwelt. Später verfasste der Rechtswissenschaftler von Feuerbach 1849 eine interessante Arbeit mit dem Titel „Aktenmäßige Darstellungen merkwürdiger Verbrechen". Der italienische Gerichtsmediziner Lombroso veröffentlichte 1876 seine Studien und Thesen über den geborenen Kriminellen; ein in der Literatur und Wissenschaft sehr umstrittener und zu großen Teilen widerlegter Ansatz, der leider auch sicherlich zu großen Teilen dem damaligen Zeitgeist zuzuschreiben ist. Die Psychologie als universitäres Fach wurde 1897 durch die Eröffnung des ersten psychologischen Instituts an der Universität Leipzig gegründet (Meischner, 1999). Der berühmte Psychologie Cattell studierte bei Wundt und beschäftigte sich nach seiner Rückkehr in die USA ab ca. 1895 in seinem Labor experimentell mit der Qualität von Zeugenaussagen (Howitt, 2009). Zwei Jahre später betrachtete der Kriminologe Hans Gross

(1897) in seinem Werk die „psychische Tätigkeit" des Richters und die des Vernommenen. Dabei verwendete er viele Theorien und Befunde aus der damaligen experimentellen Psychologie u. a. zur Wahrnehmungs- und Gedächtnispsychologie. 1900 untersuchte Binet die Suggestibilität, also die Beeinflussbarkeit von Zeugenaussagen. Schließlich ließ 1905 Stern in seinen berühmten Forschungsarbeiten u. a. instruierte Personen als Täter in seine Vorlesung stürmen. Die Studierenden mussten später den Ablauf der Störung beschreiben. Das Ergebnis zeigte, dass Aussagen von Augenzeugen recht fragwürdig sein können. Stern war aber nicht nur Rechtspsychologe, sondern er gründete die Differentielle Psychologie, die sich mit den psychologischen Unterschieden zwischen Menschen beschäftigt. Er war streng empirisch-experimentell orientiert und ein berühmter Intelligenzforscher. Zeitgleich wandte Jung (1905) als Mediziner seine tiefenpsychologische Methode der Assoziation auf die Täterschaftsermittlung an. Als ein weiterer historischer Meilenstein gilt die Untersuchung von Marbe von 1913 zur Strafzumessung von Gerichten. Die Entwicklung der Rechtspsychologie wurde in Deutschland maßgeblich durch den Nationalsozialismus und den Zweiten Weltkrieg unterbrochen (vgl. Lösel & Bender, 2000). Viele Wissenschaftler mussten ins Ausland fliehen, wurden getötet oder inhaftiert, wichtige Werke wurden verbrannt. Nach dem Zweiten Weltkrieg war die Rechtspsychologie eng mit den Rechtswissenschaften verbunden. Wichtige Fachvertreter waren Arntzen, Müller-Luckmann, Thomae und Undeutsch. Letzter hat auch den bedeutsamen Band „Forensische Psychologie des Handbuchs Psychologie" herausgegeben, der erstmals 1967 erschienen ist. Durch die Verknüpfung mit den Rechtswissenschaften haben die eben genannten rechtspsychologischen Experten sogar auf die Gesetzgebung Einfluss nehmen können und u. a. die Anerkennung der tiefgreifenden Bewusstseinsstörung als ein Eingangskriterium für die Frage der Schuldfähigkeit bewirkt (vgl. Thomae & Schmidt, 1967). Zahlreiche Beiträge, so auch der Band von Undeutsch, widmen sich primär anwendungsorientierten und praktischen Fragestellungen. Anhand der Anzahl von Publikationen in Fachzeitschriften ist zu erkennen, dass sich die deutsche Rechtspsychologie erst ab den 1970er Jahren wieder verstärkt der empirischen Forschung zugewandt hat. In Deutschland wurden 1978 die Sektion Rechtspsychologie (damals noch mit anderem Namen) im Berufsverband Deutscher Psychologen (BDP) und 1985 die Fachgruppe Rechtspsychologie innerhalb der Deutschen Gesellschaft für Psychologie gegründet. Damit entstand ein gemeinsames Dach für die Forensische Psychologie und die Kriminalpsychologie. In anderen Ländern gab es ungefähr zeitgleich eine ähnliche Entwicklung im Bereich „Psychology and Law". So wurde 1992 in Oxford die European Association of Psychology and Law (EAPL) gegründet, der europäische Verband der Rechtspsychologen (vgl. Köhler & Scharmach, 2013).

1 Begriffsbestimmung – Was ist Rechtspsychologie?

Unter Rechtspsychologie versteht man vereinfacht gesprochen alle Anwendungen psychologischer Theorien, Methoden und Ergebnisse auf Probleme des Rechts (Lösel & Bender, 1993). Daraus ergeben sich eine große Vernetzung und zahlreiche Überschneidungen mit verschiedenen Fachbereichen. Aufgrund dieser Komplexität sowie Überlappungen von Terminologien (Begrifflichkeiten) und Methoden versuchte Haney bereits 1980 die mit der Rechtspsychologie verbundenen Fragestellungen und Themenfelder zu sortieren. Dabei nahm er eine Einteilung vor, in der die Begriffe Recht und Psychologie zueinander in Bezug gesetzt wurden. Er unterscheidet zwischen drei Aspekten:

Psychologie *des* Rechts: Das Verhalten und das Recht werden als Ursache des Rechts betrachtet.

Psychologie *und* Recht: Beschäftigt sich mit der Psychologie im Bereich des Rechtswesens (z. B. Begutachtungen im Familien- oder Strafrecht).

Psychologie *im* Recht: Der Schwerpunkt wird u. a. auf die Analyse von Verhaltensweisen hier tätiger Personen gelegt (vgl. Sporer, 1985).

Heutzutage wird in der Fachwelt der Oberbegriff „Rechtspsychologie" verwendet, der sich inhaltlich in die Bereiche *Forensische Psychologie* und *Kriminalpsychologie* aufteilen lässt (vgl. Abb. 1.1; vgl. Köhler, 2014). Diese beiden Begriffe werden in den Medien und Filmen häufig verwendet, wohin gegen die „Rechtspsychologie" als Fachdisziplin in der allgemeinen Bevölkerung weniger bekannt ist. Zu einer Vereinigung der Kriminal- und Forensischen Psychologie unter dem Oberbegriff Rechtspsychologie kam es 1982 im Rahmen des 33. Kongresses der Deutschen Gesellschaft für Psychologie (DGPs). Angefeuert wurde dies durch die im angloamerikanischen Raum benutzten Bezeichnungen Legal Psychology/Psychology and Law (Bliesener et al., 2014), weshalb diese beiden Teilbereiche als Säulen der Rechtspsychologie bezeichnet werden.

Die *Forensische Psychologie* beschäftigt sich vorrangig mit Prozessen und Aspekten von Gerichtsverfahren wie z. B. Begutachtungen im Straf-, Familien- und Sozialgericht. Die *Kriminalpsychologie* legt ihren Schwerpunkt hingegen auf die Beschreibung, Erklärung und Prognose von kriminellem Verhalten sowie auf die Kriminalprävention (vgl. Lösel & Bender, 2000). Da es sich hierbei jedoch primär um eine wissenschaftliche Differenzierung handelt, finden sich sowohl auf inhaltlicher als auch auf praktischer Ebene eine Reihe von Überschneidungen zwischen den beiden Teildisziplinen.

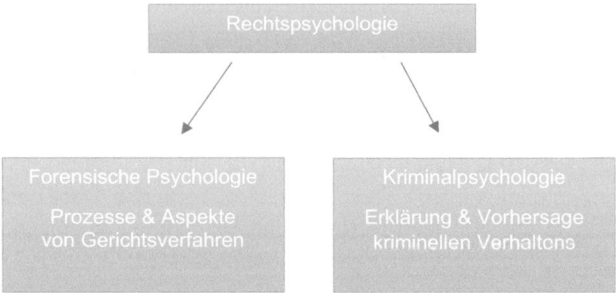

Abb. 1.1 Die Säulen der Rechtspsychologie (vgl. Köhler, 2014)

Anschaulicher als eine theoretische Definition der Rechtspsychologie ist eine Darstellung der vielfältigen Fragestellungen, mit welchen sich diese Teildisziplin der Psychologie befasst. Im Folgenden soll daher ein Überblick über einige dieser Fragestellungen gegeben werden. Dabei steht ein generelles Verständnis für die vielfältigen Anwendungsfelder im Vordergrund. Die theoretischen Hintergründe können in diesem Rahmen lediglich angerissen werden. Die interessierte Leserschaft sei auf die zahlreich verfügbaren ausführlichen Fachbücher zu den einzelnen Themen verwiesen.

Literaturempfehlungen

Bliesener, T., Lösel, F. & Dahle, K.-P. (2022). *Lehrbuch Rechtspsychologie.* Bern: Hogrefe.

Köhler, D. (2014). Rechtspsychologie. Stuttgart: Kohlhammer.

Volbert, R., & Steller, M. (Eds.). (2008). *Handbuch der Rechtspsychologie.* Göttingen: Hogrefe.

Literatur

Binet, A. (1900). *La sugeestibilite.*
Bliesener, T., Lösel, F., & Köhnken, G. (2014). *Lehrbuch Rechtspsychologie.* Huber.
Gross, H. (1897). *Kriminal-Psychologie.* Nabu Public Domain Reprint.
Haney, C. (1980). Psychology and legal change. *Law and Human Behavior, 4*(3), 147–199. https://doi.org/10.1007/BF01040317.

Literatur

Howitt, D. (2009). *Introduction to forensic and criminal psychology*. Pearson Education Ltd.

Jung, C. G. (1905). *Die psychologische Diagnose des Tatbestandes. Gesammelte Werke. Band 2: Experimentelle Untersuchungen* (S. 512–575). Walter.

Köhler, D. (2014). *Rechtspsychologie*. Kohlhammer.

Köhler, D. & Scharmach, K. (2013). Zur Geschichte der Rechtspsychologie am Beispiel der Sektion Rechtspsychologie des BDP. *Praxis der Rechtspsychologie, 2*, 455–468.

Lösel, F., & Bender, D. (1993). Rechtspsychologie. In A. Schorr (Hrsg.), *Handbuch der Angewandten Psychologie* (S. 590–598). Deutscher Psychologen Verlag.

Lösel, F. & Bender, D. (2000). Rechtspsychologie. In J. Straub, A. Kochina, & H. Werbik (Hrsg.), *Psychologie in der Praxis. Anwendungs- und Berufsfelder einer modernen Wissenschaft* (S. 581–629).

Lombroso, C. (1876). *L'uomo delinquente. In rapporto all'antropologia, alla giurisprudenza ed alle discipline carcerarie*. Bocca.

Lück, H. E., & Miller, E. (Hrsg.). (1999). *Illustrierte Geschichte der Psychologie*. PVU.

Marbe, K. (1913). *Grundzüge der Forensischen Psychologie*. Beck.

Meischner, W. (1999). Wilheilm Wundt. In H. E. Lück & R. Miller (Hrsg.), *Illustrierte Geschichte der Psychologie*. PVU.

Sporer, S. L. (1985). Rechtspsychologie versus Forensische Psychologie. In F. Hehl, V. Ebel, & W. Ruch (Hrsg.), *Psychologische Aspekte politischer und juristischer Entscheidungen* (S. 403–412). Deutscher Psychologen Verlag.

Thomae, H., & Schmidt, H. D. (1967). Psychologische Aspekte der Schuldfähigkeit. In U. Undeutsch (Hrsg.), *Handbuch der Psychologie* (Bd. 11, S. 326–396). Hogrefe.

Undeutsch, U. (1967). *Forensische Psychologie*. Verlag für Psychologie.

Von Eckartshausen, C. (1783). *Rede von den Quellen der Verbrechen, und der Möglichkeit selben vorzubeugen*. Vötter.

2

Erklärungsmodelle für kriminelles Verhalten – Was sind das bloß für Menschen?

Diese Frage haben sich viele Menschen vermutlich schon einmal gestellt, nachdem sie von einer schweren Gewaltstraftat in den Nachrichten gelesen haben. Wer tut so etwas? Sicher niemand, den wir selbst kennen. Das ist völlig ausgeschlossen. Oder könnte es etwa doch sein, dass einer unserer Liebsten oder besten Freunde zu einem Mord fähig ist? Gibt es eine klare Trennung zwischen „den Guten" und „den Bösen"? Oder haben wir alle ein bisschen von beidem in uns? Wie kann man sich erklären, dass aus einem unschuldigen Säugling irgendwann ein Gewaltstraftäter wird? Gibt es möglicherweise Menschen, die schon „böse" geboren werden? Mit diesen und ähnlichen Fragen beschäftigen sich rechtspsychologische Wissenschaftler tagtäglich. Welches Verhalten meinen wir aber eigentlich, wenn wir etwas als böse empfinden? Zunächst einmal meinen wir, dass dieses Verhalten nicht normal ist, das heißt, von der Norm abweicht. Um solche Verhaltensweisen zu beschreiben, gibt es verschiedene Begrifflichkeiten. Tab. 2.1 gibt dazu einen Überblick.

Auch wenn die Betrachtung des kriminellen Verhaltens im Vordergrund steht, beschäftigt sich die Rechtspsychologie auch mit den anderen in Tab. 2.1 dargestellten Verhaltensweisen. Es gibt dabei keine einzelne Theorie, die erklärt, wie sich kriminelles Verhalten entwickelt. Es werden vielmehr Ansätze aus verschiedenen Fachbereichen herangezogen, um kriminelles Verhalten zu erklären. Dazu gehören u. a. auch medizinische und soziologische Ansätze.

Medizinische und soziologische Ansätze
In der Medizin werden abweichende Verhaltensweisen als ein Resultat eines krankhaften Nervensystems verstanden. Es gibt mittlerweile eine Reihe von Belegen für Zusammenhänge zwischen antisozialem Verhalten und biologischen Auffälligkeiten (z. B. Konrad et al., 2019). Es ist jedoch bis heute nicht möglich, anhand eines Abbildes des Gehirns zu erkennen, wer, wann und in welcher Form

Tab. 2.1 Begriffsdefinitionen normabweichender Verhaltensweisen nach Beelmann und Raabe (2007, S. 17)

Verhaltensweise	Definition/Verständnis
Dissoziales Verhalten	Verletzung von altersgemäßen sozialen Erwartungen, Regeln und informellen Normen, wird oft als Überbegriff verwendet
Oppositionelles Verhalten	Probleme in der Akzeptanz von Autoritäten sowie unangemessene Wut- und Angstreaktionen insbesondere auf die Nichtdurchsetzung eigener Interessen
Aggressives Verhalten	Meist absichtliche Schädigung von Sachen und Personen
Delinquentes Verhalten	Wird uneinheitlich definiert. Abweichendes Verhalten, das gegen Normen verstößt, aber nicht zwangsläufig strafrechtlich relevant ist
Kriminelles Verhalten	Problemverhalten (oppositionell, aggressiv oder delinquent), das gegen geltende Rechtsnormen verstößt, meist schwerwiegend ist und einer strafrechtlichen Verfolgung unterliegt

kriminell wird und wer unauffällig bleibt. In der Soziologie hingegen geht man davon aus, dass äußere Einflüsse zu kriminellem Verhalten führen (vgl. Lamnek & Vogl, 2017). Die Anomietheorie (Merton, 1957) postuliert, dass wir alle normative Werte und Ziele haben und dass wir in soziale Beziehungen eingebunden sind. Anomie entsteht, wenn die kulturellen Ziele und die sozial bestimmte Verteilung der legalen Mittel zur Erreichung dieser Ziele auseinandergehen. Jemand möchte zum Beispiel reich werden, sieht sich aber nicht in der Lage, dieses Ziel durch Anstrengung zu erreichen, und begeht stattdessen einen Raubüberfall. Forschende stellten fest, dass auch kriminelle Personen nach einem Normbruch ein schlechtes Gewissen haben (Sykes & Matza, 1957). Die Neutralisierungstheorie von Sykes und Matza (1957) besagt, dass diese Menschen gelernt haben, solche unangenehmen Gefühle zu neutralisieren, indem sie z. B. die Opfer abwerten oder sich selbst als eigentliches Opfer sehen. Eine weitere interessante Theorie, der Labelling Approach (Tannenbaum, 1953), geht davon aus, dass eigentlich nicht der Normbruch das Entscheidende ist, sondern vielmehr die Reaktion der Umwelt auf diesen Normbruch. Wenn ein Jugendlicher beispielsweise beim Kiffen erwischt wird und die Polizei und seine Eltern ihn als schwierig und kriminell beschreiben, so wird er einen Druck verspüren, wieder zu kiffen. Die Reaktionen sind erneut negativ und der Jugendliche fängt an, sein Selbstbild zu verändern und sich selbst ebenfalls als schwierig und kriminell wahrzunehmen. Es gibt aber auch Autoren, die davon ausgehen, dass wir uns kriminell verhalten, um schlicht unsere Bedürfnisse zu erfüllen. Sie vermuten, dass wir eine Kosten-Nutzen-Rechnung aufstellen und uns normwidrig verhalten, wenn wir kurzfristig einen Vorteil sehen (Gottfredson & Hirschi, 1990).

Psychologische Ansätze
Psychologische Theorien beziehen darüber hinaus entwicklungspsychologische Veränderungen und psychische Merkmale wie Temperament oder Problemlösekompetenzen mit ein. In der Psychoanalyse wird die Psyche des Menschen als triebdynamisches System verstanden. Im Laufe der Entwicklung durchläuft der Mensch verschiedene psychosexuelle Phasen, in denen jeweils bestimmte Themen (wie beispielsweise Autonomieentwicklung) im Vordergrund stehen. Ausschlaggebend für die Entwicklung des psychischen Systems sind die drei Instanzen: *Es, Ich* und *Über-Ich*. Das *Es* umfasst unsere Triebe, das *Über-Ich* steht für unser Gewissen und das *Ich* bildet unser Selbst als eine Art Vermittler zwischen *Es* und *Über-Ich*. Bei einer optimalen Entwicklung ist das *Ich* stark genug, sich gegen die anderen beiden Instanzen durchzusetzen (vgl. Maltby et al., 2011). So können sowohl übertriebene moralische Standards relativiert, als auch eine zügellose Triebbefriedigung verhindert werden. Wie kann man nun mittels der Psychoanalyse Kriminalität bzw. kriminelles Verhalten erklären? Grundsätzlich gibt es hierfür mehrere Erklärungsansätze. So kann sich kriminelles Verhalten unter anderem durch ein zu gering ausgeprägtes *Über-Ich* und somit einer Minderausprägung der Gewissensinstanz entwickeln. Das kann sowohl auf fehlende Modellpersonen für prosoziales Verhalten (Umwelteinfluss) oder auf eine psychopathologische Fixierung in der Kindheit (innerpsychische Vorgänge) zurückgeführt werden. Ebenso ist die Kombination eines sehr stark ausgeprägten *Es*, eines schwachen *Ich* und wie oben bereits erwähnt eines schwachen *Über-Ichs* denkbar. Darüber hinaus ist es möglich, kriminelle Handlungen symbolisch als innerpsychische Konflikte zu betrachten, die ihren Ursprung in Entwicklungsdefiziten der frühen Kindheit haben.

Demgegenüber gehen andere Autoren (Dollard et al., 1939) davon aus, dass wir uns aggressiv verhalten, wenn wir frustriert sind, z. B. weil wir in unserem Verhalten unterbrochen wurden. Wir sitzen beispielsweise im Auto und wollen zu einem Termin fahren, werden aber durch den Stau daran gehindert. Das macht uns so aggressiv, dass wir hupen, obwohl wir wissen, dass dies vermutlich wenig bringen wird.

Lerntheoretische Ansätze sehen jedes Verhalten als erlernt an, so auch kriminelles Verhalten. Lernen können wir dabei auf verschiedene Art und Weise. Ein lerntheoretischer Ansatz ist die Klassische Konditionierung. Darunter versteht man das unbewusste Lernen von Zusammenhängen. Das gängigste Beispiel hierfür ist der Pavlovsche Hund, der bereits mehr Speichel produziert, wenn er eine Glocke hört, die häufig direkt vor dem Füttern geläutet wurde (Maltby et al., 2011; Pavlov, 1927). Diesen Effekt können auch Besitzer von Haustieren beobachten, wenn sie eine Futterdose öffnen. Forscher fanden bereits in den 1920er Jahren heraus, dass wir auch Emotionen auf diese Weise lernen (ebd.). Sie experimentierten dabei mit dem kleinen Albert, einem Jungen, der offenbar Ratten gegenüber völlig angstfrei war. Sie ließen ihn eine weiße Ratte streicheln und lösten gleichzeitig über einen plötzlichen, lauten Ton Angst aus. Nach kurzer Zeit hatte Albert bereits Angst vor der Ratte selbst, auch wenn gar kein Ton erzeugt wurde. Die Angst breitete sich sogar noch auf ähnliche Reize wie z. B. einen Santa-Claus-Bart aus (vgl. Watson, 1924). Die Ausweitung der Reaktion wird auch Angstgeneralisierung genannt. Das Klassische Konditionieren, also die Kopplung von Emotionen an bestimmte Reize oder Situationen wird ebenfalls zur Erklärung der Entstehung krimineller Verhaltensweisen, z. B. von Gewaltstraftätern, herangezogen. So könnte ein bestimmter Reiz z. B. der strenge Ton in der Stimme der Mutter mit Wut verknüpft worden sein, so dass der Sohn zukünftig wütend wird, sobald er einen strengen Ton in der Stimme anderer Menschen wahrnimmt. Eine weitere Art und Weise, wie wir lernen, ist über Belohnung und Strafe, also über Konsequenzen. Dies wird als operantes oder instrumentelles Konditionieren bezeichnet (vgl. Maltby et al., 2011; Skinner, 1976). Führen wir eine bestimmte Verhaltensweise aus und erhalten daraufhin eine Belohnung, werden wir dieses Verhalten mit hoher Wahrscheinlichkeit in der Zukunft öfter zeigen. Umgekehrt werden wir eher mit einem Verhalten aufhören, wenn wir lediglich neutrale oder negative Konsequenzen erhalten. Übertragen auf kriminelles Verhalten bedeutet das, dass die Belohnung, die auf eine Straftat folgt (z. B. Geld als Diebesgut), zukünftiges straffälliges Verhalten wahrscheinlicher macht. Der Straftat einfach eine negative Konsequenz folgen zu lassen, lässt, anders als vermutet, die Häufigkeiten von Straftaten jedoch leider nicht sinken (vgl. Estes, 1944; Banks & Vogel-Sprott, 1965). Dies hat u. a. damit zu tun, dass die positive Konsequenz unmittelbar nach der Tat erfolgt, während beispielsweise eine gerichtliche Strafe häufig erst viele Monate später erfolgt. Das, was uns motiviert, ist jedoch das, was direkt nach einem Verhalten folgt. Dieser Effekt lässt sich beispielsweise auch in einer Bar beobachten, wo Menschen noch ein Bier mehr bestellen, um sich noch ein bisschen ausgelassener zu fühlen, obwohl sie eigentlich wissen, dass sie das am nächsten Morgen bereuen werden. Zudem lernen wir auch über das Beobachten und Nachahmen von anderen. Man spricht hier vom Modelllernen. Beobachtet ein Kind beispielsweise, wie ein anderes Kind jemanden schlägt, erlernt es hierdurch diese Verhaltensweise. Sieht es dann zudem, dass das Schlagen einen positiven Effekt hat (z. B. ein Spielzeug zu bekommen), wird der Lerneffekt noch verstärkt (Bandura, 1977). Es stellt sich nun die Frage, warum nicht jeder Mensch aggressives Verhalten zeigt, obwohl jeder dies bereits in seiner Kindheit mit sehr großer Wahrscheinlichkeit gesehen hat? Hier unterscheidet Bandura zwischen dem Erwerb und der Ausführung. Neben vielen anderen Faktoren sind für das Zeigen aggressiven Verhaltens insbesondere die von uns in unserer Lerngeschichte als positiv beurteilten Modelle zu betrachten. Ein relativ einfaches Beispiel wäre hier die Durchsetzung eigener Interessen mittels Aggressivität. Wird dies bspw. vom Vater, der als eine zunächst positive Person betrachtet werden kann, gegenüber der Mutter angewandt, wird es umso wahrscheinlicher, dass das Kind sich zukünftig ebenfalls aggressiv verhält.

Im Bereich der Sozialpsychologie haben sich Wissenschaftler und Wissenschaftlerinnen mit dem Einfluss des sozialen Umfeldes und der Wirkmechanismen von Gruppeneinflüssen beschäftigt. Klassische Arbeiten in diesem Bereich sind u. a. die Befunde von Milgram und Zimbardo. Milgram (1963) konnte in seinen Experimenten zeigen, dass der Einfluss von Autoritäten auf aggressive Handlungen nicht zu unterschätzen ist. 65 % der Menschen waren bereit, einer anderen Person massive, lebensbedrohliche Stromstöße zu verabreichen, wenn sie von dem Versuchsleiter dazu aufgefordert wurden. Dies galt, obwohl sie dabei offensichtlich unter enormem psychischem Stress standen. Weiter haben Zimbardo et al. (1973) in ihrem berühmten „Stanford-Prison"-Experiment die Bedeutsamkeit von sozialen Rollen untersucht. Sie konnten nachweisen, dass Menschen ihr Verhalten signifikant nach ihnen zugewiesenen Rollen (Wärter vs. Gefangener) ausrichten. Die Befunde der beiden exemplarisch skizzierten Experimente können noch heute in der Rechtspsychologie praktisch verwendet werden. Insbesondere im Jugendalter kann es im Gruppenkontext zu (sexuellen) Gewalttaten kommen, bei denen relativ „normal" entwickelte Jugendliche persönlichkeitsfremde schwerwiegende aggressive Handlungen begehen. Im Rahmen eines spezifischen Gruppenprozesses mit sozialen Einflüssen und dem „Hochschaukeln" einer Gruppendynamik sind auch unauffällige und weitgehend psychisch gesunde Jugendliche zu erheblichen Straftaten – wie z. B. einer Gruppenvergewaltigung – prinzipiell in der Lage. Die Erkenntnisse der Sozialpsychologie machen deutlich, dass eben nicht nur psychisch gestörte Menschen oder antisoziale Straftäter aggressive Handlungen zeigen. Vielmehr kann unter bestimmten sozialen Bedingungen eine Mehrheit der Menschen aggressive Verhaltensweisen zeigen. Jedoch muss an dieser Stelle daraufhin gewiesen werden, dass die Rechtspsychologie mit Hilfe von empirisch fundierten Theorien nach Erklärungen sucht, jedoch damit nicht die Täter entschuldigen will. Vielmehr geht es u. a. um ein wissenschaftliches Verständnis für den professionellen Umgang mit den Tätern und um eine wirksame Prävention.

Zu den bekannten Theorien der Entstehung kriminellen und gewalttätigen Verhaltens zählen auch die Theorien sozialer Informationsverarbeitung (siehe Crick & Dodge, 1994). Demnach kommt es bei Kindern mit aggressivem oder kriminellem Verhalten zu Verzerrungen. Sie nehmen Reize eher als aggressiv wahr, interpretieren neutrale Dinge häufig als feindselig und verfolgen egozentrische und unkooperative Ziele. Sind bereits aggressive Schemata vorhanden, werden auch eher aggressive Verhaltensweisen gezeigt; den Kindern fehlen die Handlungsalternativen. Dissoziale Kinder zeigen eher aggressive Verhaltensweisen, da sie sich hierdurch mehr Erfolg versprechen als mit sozial angepasstem Verhalten.

Das Allgemeine Aggressionsmodell von Anderson und Bushmann (2002) betrachtet die Entstehung von Gewalt als eine komplexe Interaktion zwischen der Person, der lebensgeschichtlichen und der aktuellen Situation vor dem Hintergrund innerpsychischer Zustände und Bewertungs- sowie Entscheidungsprozessen. Damit arbeitet die Theorie auf einem sehr abstrakten Niveau und muss inhaltlich ausgestaltet werden, um die konkreten Handlungsweisen im realen Leben verständlich machen zu können. Je nach Persönlichkeit, den innerpsychischen Verarbeitungsprozessen und der Situation kann das Modell erklären, warum eine Person in der einen Situation aggressiv reagiert und in einer anderen nicht. Beispielsweise kann ein Mensch mit einer sehr impulsiven Persönlichkeit (Person) bei einem Streit in einer Kneipe (Situation) sehr schnell in einen intensiven Affekt- und Erregungszustand (Wut) gelangen und die Kognition/den Gedanken haben: „Wer mich so ansieht hat keinen Respekt vor mir!". In seinem Bewertungsprozess kann er aufgrund seiner begrenzten Problemlösefähigkeiten und Kompetenzen zu der Einschätzung kommen, dass er „den Respekt" nur durch eine aggressive Handlung wiederherstellen kann. Dieses Verhalten bewertet er als eine in der Vergangenheit erfolgreiche Strategie, nimmt seinen Bierkrug und schlägt diesen dem anderen Menschen über den Kopf. Das ganze innerpsychische Geschehen läuft quasi automatisiert ab und erscheint nach außen wie eine impulsive Handlung: An der Theke schaut das Opfer den Täter kurz an, dieser empfindet es als Ehrverletzung und schlägt unvermittelt mit einem Bierkrug auf das Opfer ein. Es ist anhand des Modells ersichtlich, wie die Lebensgeschichte, die Persönlichkeit, die Situation und die innerpsychischen Prozesse komplex und interaktiv miteinander verbunden sind (siehe Abb. 2.1).

Die moderne Psychologie geht von einem biopsychosozialen Modell aus, welches alle bisherigen Ansätze vereint. Verhalten wird demnach durch unser Nervensystem, unsere Umgebung sowie unsere psychische Konstitution bedingt.

2 Erklärungsmodelle für kriminelles Verhalten

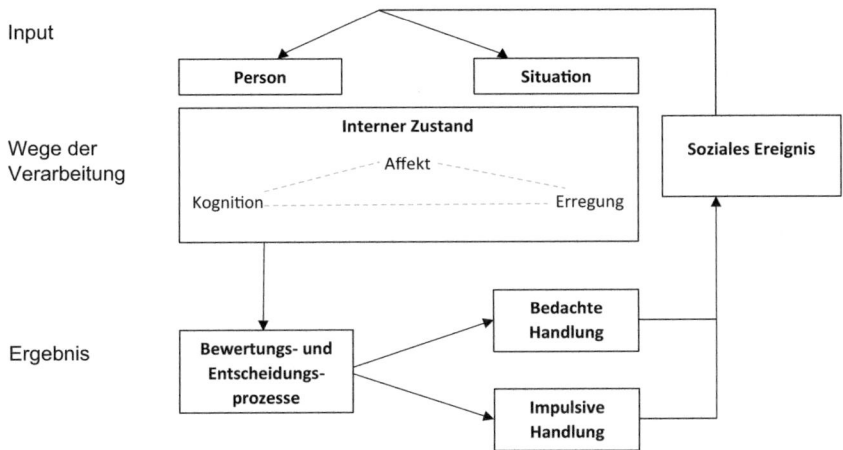

Abb. 2.1 Das Allgemeine Aggressionsmodell von Anderson und Bushman (2002). Reproduced with permission from the Annual Review of Psychology, Volume 53 © 2002 by Annual Reviews, http://www.annualreviews.org

Bereits unsere genetische Ausstattung trägt dazu bei, ob wir kriminelles Verhalten entwickeln. Unser Temperament, unsere Fähigkeit, Probleme zu lösen, und unsere generelle Erregbarkeit spielen dabei eine Rolle. Entscheidend ist auch unser Geschlecht. Weltweit betrachtet findet sich mehr abweichendes sowie aggressives Verhalten bei Jungen und Männern als bei Mädchen und Frauen. Als Ursachen hierfür werden unterschiedliche Sozialisationsbedingungen und auch neurophysiologische Unterschiede (z. B. Testosteron, Serotonin; u. a. Göttlich et al., 2021) gesehen. Dabei scheint es auch von der Umwelt abzuhängen, wie sich unsere Gene auf unser Verhalten auswirken. Zum Beispiel macht es einen großen Unterschied, ob sich unsere Eltern liebevoll und fürsorglich um uns kümmern oder ob wir in verwahrlosten Familien aufwachsen (Hodgins et al., 2002). Wir unterscheiden uns zudem in unserem Temperament, also darin, wie gut wir beispielsweise unsere Impulse kontrollieren können und wie viel Stimulation wir brauchen, um uns gut zu fühlen. Kinder, die sehr viele Reize brauchen, emotional labil sind, unregelmäßig schlafen und leicht irritierbar sind, bezeichnet man als Kinder mit schwierigem Temperament. Solche Kinder haben eine höhere Wahrscheinlichkeit, dissoziales Verhalten zu entwickeln. Zudem stellen sie ihre Eltern vor größere Herausforderungen, weshalb die Erziehungskompetenzen hier besonders wichtig sind. Auch ein Schulabbruch ist ein Risikofaktor für eine kriminelle Entwicklung, da die Jugendlichen damit einen Statusverlust und geringere Möglichkeiten für das Erreichen der gesellschaftlichen Ziele erleben. Häufig wenden sie sich dann eher einer kriminellen Peergroup zu, wodurch kriminelles Verhalten weiter gefördert wird. Innerhalb dieser Gruppen kommt es zudem häufig zu vermehrtem Alkohol- und Drogenkonsum, was ebenfalls ein Risikofaktor für kriminelles Verhalten ist. Intensiv diskutiert wurde die Frage, ob gewalthaltige Medien das Aggressionspotenzial von Jugendlichen fördern oder nicht (Anderson & Bushman, 2018; Ferguson, 2011). Es gibt Hinweise darauf, dass solche Medien sich nicht auf alle Jugendlichen gleich auswirken. Eine vulnerable Subgruppe der Jugendlichen scheint besonders negativ durch diese Art der Unterhaltungskultur beeinflusst zu werden (Slater et al., 2003). Der Konsum gewalthaltiger Medien ist dabei als ein Risikofaktor unter vielen zu verstehen (Anderson et al., 2017). Insgesamt betrachtet steigen durch den Konsum gewalthaltiger Medien zumindest kurzfristig aggressive Gedanken, aggressive Gefühle und aggressives Verhalten. Es scheint jedoch lediglich einen geringen Einfluss auf die Begehung von Straftaten zu geben, vor allem wenn andere Risikofaktoren kontrolliert wurden, also wenn der sozioökonomische Status und die generelle Bereitschaft zu aggressivem Verhalten herausgerechnet wurden (Savage & Yancey, 2008). Das Zusammenspiel der verschiedenen Risikofaktoren ist in Abb. 2.2 durch das multikausale Entwicklungsmodell zur Erklärung kriminellen und dissozialen Verhaltens dargestellt.

Prototypische Entwicklungspfade
Nachdem wir im vorherigen Abschnitt verschiedene Ansätze betrachtet haben, die als Erklärung für die Entstehung von kriminellem Verhalten eine Rolle spielen, wollen wir uns im Folgenden einigen Erklärungsmodellen widmen, die dissoziales Verhalten und dessen Entwicklung über die Lebensspanne hinweg betrachten. Hierzu werden wir auf drei klassische Modelle der prototypischen Delinquenzentwicklung eingehen und die dort herausgestellten Typologien kurz vorstellen (vgl. Köhler, 2014). Bedeutsame Vertreter dieser Forschungsthematik sind Gerald Patterson et al. (1989), Terrie E. Moffitt (1993) und Rolf Loeber (Loeber et al., 1998). Alle Autoren nehmen an, dass eine Gruppe dissozialer Jugendlicher bereits früh Verhaltensprobleme zeigt und bis ins Erwachsenenalter auffällig bleibt. Dies konnte in Studien bestätigt werden (Moffit et al., 2002; Patterson et al., 1998). Dabei scheinen etwa 5–7 % der männlichen Jugendlichen für den größten Anteil der aggressiven Straftaten im Erwachsenenalter verantwortlich zu sein (Moffit, 2006). Bei einem Teil der männlichen und weiblichen Jugendlichen kommt es im Verlauf ihres Lebens zu immer heftigeren Straftaten (Gormann-Smith & Loeber,

2 Erklärungsmodelle für kriminelles Verhalten

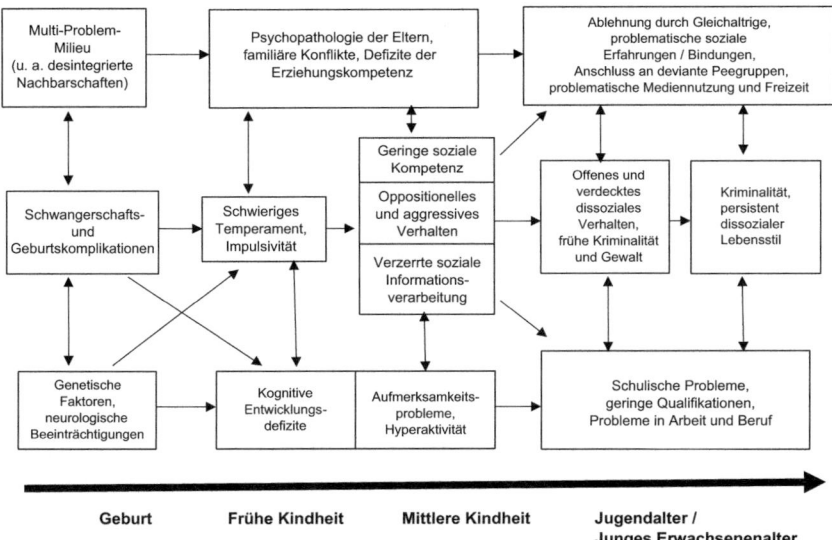

Abb. 2.2 Multikausales Entwicklungsmodell zur Erklärung kriminellen und dissozialen Verhaltens (Beelmann & Raabe, 2007, S. 111). Mit freundlicher Genehmigung von Hogrefe. Aus: Beelmann, A. & Raabe, T. (2007). Dissoziales Verhalten bei Kindern und Jugendlichen. Erscheinungsformen, Entwicklung, Prävention und Intervention. Göttingen: Hogrefe

2005). Auf der anderen Seite sind leichte Formen von Dissozialität im Jugendalter durchaus nicht ungewöhnlich. Die meisten Jugendlichen durchlaufen dabei eine Phase mit leichten Delikten im Jugendalter und führen im Erwachsenenalter ein deliktfreies Leben. Diese Gruppe zeigt problematisches Verhalten von geringer Schwere und zudem weniger Risikofaktoren (White et al., 2001). Es gibt jedoch auch Straftäter, die erst spät auffällig werden und aufgrund der negativen Konsequenzen ihres Verhaltens und der schlechteren Zukunftsperspektive bis ins Erwachsenenalter auffällig bleiben (Moffit et al., 2002).

Terrie E. Moffitt (englische Psychiaterin; King's College London) unterscheidet in ihrem Modell zwischen dem über den Lebenslauf hinweg stabilen persistenten Pfad („life-course-persistant") sowie dem auf das Jugendalter beschränkten („adolescence-limited") Entwicklungspfad (Moffitt, 1993; Moffitt & Caspi, 2005). Ihrer Annahme zufolge sind stabil aggressiv-dissoziale Verhaltensweisen auf neuropsychologische Defizite zurückzuführen, die wiederum psychologische Merkmale beeinflussen (z. B. das Temperament), die durch ungünstige Umwelteinflüsse verstärkt werden und zu aggressiv-dissozialen Verhalten führen. Die von ihr als persistent bezeichnete Gruppe verhält sich bereits im frühen Kindesalter und stabil bis ins Erwachsenenalter antisozial. Bei der häufiger auftretenden jugendtypisch delinquenten Gruppe zeigen sich dissoziale Verhaltensweisen lediglich im Jugendalter.

Die Typologie von Rolf Loeber (Loeber, Farrington & Waschbusch, 1998) enthält im Gegensatz zu Moffit drei Entwicklungspfade, wobei der Lebensspannentypus sowie der vorübergehende Typus im Jugendalter denen von Moffit ähnlich sind. Ergänzend hierzu findet man mit dem spät einsetzenden Typus einen dritten Entwicklungspfad. Aggressives und dissoziales Verhalten kann im Falle des erstgenannten Typus bereits in der Schwangerschaft angelegt und durch ungünstige neurobiologische Dispositionen, soziale Isolation und Kompetenzdefizite begünstigt sowie durch Einflüsse anderer dissozialer Jugendlicher aufrechterhalten werden (vgl. Loeber, 1998). Die Schwere der Delikte korreliert positiv mit dem Alter, so zeigt sich beispielsweise zunächst oppositionelles Trotzverhalten in der Kindheit, anschließend Schuleschwänzen und Drogenmissbrauch im Jugendalter. Bei dem vorübergehenden Typus beschränkt sich das Auftreten aggressiven oder dissozialen Verhaltens auf die Zeit des Grundschulbesuches oder es tritt lediglich kurzzeitig in der Adoleszenz auf. Wie der Bezeichnung des letztgenannten Typus bereits entnommen werden kann, treten dissoziale Verhaltensweisen zum ersten Mal im Jugendalter auf und bleiben bis ins Erwachsenenalter bestehen.

Ein weiteres Modell prototypischer Entwicklungspfade greift Aspekte der beiden zuvor vorgestellten auf, fügt aber noch eine neue Komponente hinzu. Dieses Modell entstammt aus Arbeiten von der Gruppe um den Psychologen Gerald Patterson. Sie unterscheiden dabei zwischen den Früh- vs. Spätstartern. Die Frühstarter zeigen bereits ab der Kindheit antisoziales Verhalten, was u. a. durch das Fehlen von Aufsichtspersonen und eine negative Erziehung zustande kommt. Dissoziales Verhalten in der Kindheit sowie fehlende positive Sozialkontakte, aber vorhandene Kontakte zu anderen antisozialen Gleichaltrigen sind weitere Faktoren, die kriminelles Verhalten der Frühstarter begünstigen. Die Spätstarter zeigen hingegen in der Kindheit nur wenig aggressives und dissoziales Verhalten. Oftmals findet man in den Familien der Spätstarter familiäre Konflikte, die dazu zu führen scheinen, dass sich die Jugendlichen Freunde und Gleichaltrige mit stark antisozialem Verhalten suchen.

Scheithauer und Petermann (2010) weisen jedoch darauf hin, dass diese Modelle nicht ganz unkritisch zu betrachten sind und hinsichtlich Präventions- und Interventionsmaßnahmen weiterentwickelt und überarbeitet werden sollten. Die Entwicklungen sind deutlich differenzierter zu betrachten. Interessierte Leser seien hierzu auf die Berliner-Crime-Studie verwiesen (Dahle, 2010). Ein guter Überblick findet sich auch bei Boers (2019).

Risiko- und Schutzfaktoren
Obwohl einige Menschen diversen Risikofaktoren ausgesetzt sind, werden sie dennoch nicht kriminell. Die Klärung der Gründe hierfür steht ebenfalls im Fokus des Interesses der Rechtspsychologie. Die Forschung hat gezeigt, dass diese Personen über Schutzfaktoren verfügen, die die Risikofaktoren überwiegen. Man bezeichnet diese Menschen als resilient (Resilienzforschung: vgl. Scheithauer et al., 2000; Lösel & Bender, 2003; Köhler, 2014). Schutzfaktoren können sein: soziale Kompetenz, Intelligenz, die Überzeugung, selbst Dinge kontrollieren zu können, Glaube oder spirituelle Überzeugung, emotionale Bindung an eine zuverlässige Person (Eltern, Trainer, Partner etc.), Unterstützung durch normkonforme Personen, Wertschätzung einer Begabung oder eines Hobbies, ausreichende materielle Versorgung und Bindung an die Schule oder an eine Lehrkraft (Bliesener, 2008a, 2008b).

Fazit
Zusammenfassend kann man also festhalten, dass es keine von Grund auf bösen Menschen gibt. Menschen werden nicht bereits böse geboren und entwickeln sich dann zwangsläufig zu bösen Personen. Es ist vielmehr so, dass eine Reihe von Bedingungen beeinflusst, wie wir uns entwickeln. Wenn wir aus dem Blickwinkel einer gut gebildeten Person, welche liebevolle Eltern, einen intakten prosozialen Freundeskreis und ausreichende finanziellen Mitteln hatte, auf die Taten vermeintlich böser Menschen blicken, so sollten wir uns bewusst machen, dass unsere Sicht eine sehr komfortable ist. Wir fühlen uns vielleicht moralisch überlegen und urteilen schnell über Menschen, deren Lebensbedingungen wir uns häufig nicht einmal ausmalen können. Das soll keinesfalls bedeuten, dass man alles hinnehmen muss, was jemand tut. Es erscheint jedoch vermessen, zu behaupten, dass wir unter keinen Umständen zu dissozialem Verhalten fähig wären. Vielmehr hatten viele von uns einfach auch sehr viel Glück und haben an entscheidenden Stellen „gute Entscheidungen" getroffen oder hatten bestimmte Schutzfaktoren wie beispielsweise prosoziale Vorbilder, die uns in Krisen unterstützend beiseite standen.

Literaturempfehlungen

Beelmann, A. & Raabe, T. (2007). *Dissoziales Verhalten bei Kindern und Jugendlichen. Erscheinungsformen, Entwicklung, Prävention und Intervention.* Göttingen: Hogrefe.

Bliesener, T. (2008b). Jugenddelinquenz. Formen, Ursachen, Interventionen. In M. Steller & R. Volbert (Hrsg.), *Handbuch der Rechtspsychologie* (S.48-56). Göttingen: Hogrefe.

Die Lust an Gewalt – Warum Menschen zu Tätern werden: https://www.youtube.com/watch?v=V2WQvUcADv0.

Die Ursachen von Gewalt: https://www.youtube.com/watch?v=3TB7WwHUTek

Literatur

Anderson, C. A., & Bushman, B. J. (2002). Human aggression. *Annual Review of Psychology, 53*, 27–51. https://doi.org/10.1146/annurev.psych.53.100901.135231.

Anderson, C.A. & Bushman, B.J (2018). Media violence and the general aggression model. *Journal of Social Issues, 74(2)*, 386–413. https://doi.org/10.1111/josi.12275.

Anderson, C. A., Bushman, B. J., Bartholow, B. D., Cantor, J., Christakis, D., Coyne, S. M., Donnerstein, E., Brockmyer, J. F., Gentile, D. A., Green, C. S., Huesmann, R., Hummer, T., Krahé, B., Strasburger, V. C., Warburton, W., Wilson, B. J., & Ybarra, M. (2017). Screen violence and youth behavior. *Pediatrics, 140*(2), 142–147. https://doi.org/10.1542/peds.2016-1758T

Bandura, A. (1977). *Social learning theory.* Prentice Hall.

Banks, R. K., & Vogel-Sprott, M. (1965). Effect of delayed punishment on an immediately rewarded response in humans. *Journal of Experimental Psychology, 70(4)*, 357–359. https://psycnet.apa.org/doi/10.1037/h0022233.

Beelmann, A., & Raabe, T. (2007). *Dissoziales Verhalten bei Kindern und Jugendlichen. Erscheinungsformen, Entwicklung, Prävention und Intervention.* Hogrefe.

Bliesener, T. (2008a). Resilienz in der Entwicklung antisozialen Verhaltens. In M. Steller & R. Volbert (Hrsg.), *Handbuch der Rechtspsychologie* (S.78–86). Hogrefe.

Bliesener, T. (2008b). Jugenddelinquenz. Formen, Ursachen, Interventionen. In M. Steller & R. Volbert (Hrsg.), *Handbuch der Rechtspsychologie* (S.48–56). Hogrefe.

Boers, K. (2019). Delinquenz im Altersverlauf. Befunde der kriminologischen Verlaufsforschung. *Monatsschrift für Kriminologie und Strafrechtsreform, Bd. 102, 1.* De Gruyter. https://doi.org/10.1515/mks-2019-0004.

Literatur

Crick, N. R., & Dodge, K. A. (1994). A review and reformulation of social information-processing mechanisms in children's social adjustment. *Psychological Bulletin, 115,* 74–101.

Dahle, K.-P. (2010). *Psychologische Kriminalprognose – Wege zu einer integrativen Methodik für die Beurteilung der Rückfallwahrscheinlichkeit bei Strafgefangenen.* Centaurus.

Dollard, J., Doob, L., Miller, N. E., Mowrer, O. H., & Sears, R. R. (1939). *Frustration and aggression.* Yale University Press. https://psycnet.apa.org/doi/10.1037/10022-000.

Estes, W. K. (1944). An experimental study of Punishment. *Psychological Monographs: General and Applied, 57(3),* 1944, 1–40. https://psycnet.apa.org/doi/10.1037/h0093550.

Ferguson, C. J. (2011). Video games and youth violence: A prospective analysis in adolescents. *Journal of Youth an Adolescence, 40,* 377–391. https://doi.org/10.1007/s10964-010-9610-x.

Göttlich, M., Buades-Rotger, M., Wiechert, J. Bexer, F., & Krämer, U. (2021). Structural covariance of amygdala subregions is associated with trait aggression and endogenous testosterone in healthy individuals Running title: Structural covariance and aggression. Preprint. https://www.biorxiv.org/content/10.1101/2021.07.09.451771v1.

Gormann-Smith, D., & Loeber, R. (2005). Are developmental pathways in disruptive behaviors the same for girls and boys? *Journal of Child and Family Studies, 14,* 15–27. https://doi.org/10.1007/s10826-005-1109-9.

Gottfredson, M. R., & Hirschi, T. (1990). *A general theory of crime.* Stanford University Press.

Hodgins, S., Kratzer, L., & McNeil, T. F. (2002). Are pre- and perinatal factors related tot he development of criminal offending? In R. R. Corrado, R. Roesch, S. D. Hart, & J. K. Gierowski (Hrsg.), *Multi-problem violent youth: A foundation for comparative research on need, interventions and outcomes* (S. 58–80). IOS Press.

Köhler, D. (2014). *Rechtspsychologie.* Kohlhammer.

Konrad, N., Huchzermeier, C., & Rasch, W. (2019). *Forensische Psychiatrie und Psychotherapie: Rechtsgrundlagen, Begutachtung und Praxis* (5. erweiterte & überarbeitete Aufl.). Kohlhammer.

Lamnek, S., & Vogl, S. (2017). *Theorien abweichenden Verhaltens II. „Moderne" Ansätze. Eine Einführung für Soziologen, Psychologen, Juristen, Journalisten und Sozialarbeiter.* Utb.

Lösel, F., & Bender, D. (2003). Protective factors and resilience. In D. P. Farrington & J. W. Coid (Hrsg.), *Early prevention of adult antisocial behaviour* (S. 130–204). Cambridge University Press.

Loeber, R., DeLamatre, M. S., Keenan, K., & Zangh, Q. (1998). A prospective replication of developmental pathways in disruptive and deliquent behavior. In R. B. Cairns, L. R. Bergman, & J. Kagan (Hrsg.), *Methods and models for studying the individual* (S. 185–218). Sage.

Maltby, J., Day, L., & Macaskil, A. (2011). *Differentielle Psychologie, Persönlichkeit und Intelligenz.* Pearson.

Merton, R. K. (1957). *Social theory and social structure.* Free Press.

Milgram, S. (1963). Behavioral study of obedience. *The Journal of abnormal and social psychology, 67*(4), 371. https://psycnet.apa.org/doi/10.1037/h0040525.

Moffit, T. E. (1993). Adolescent-limited and life-course persistent antisocial behavior: A developmental taxonomy. *Psychological Review, 100,* 674–701. https://psycnet.apa.org/doi/10.1037/0033-295X.100.4.674.

Moffit, T. E. (2006). Life-course persistent versus adolescent-limited antisocial behavior. Risk, disorder and adaption. In D. Cicchetti & D. J. Cohen (Hrsg.), *Developmental Psychopathology* (Bd. 3, S. 570–598). Wiley.

Moffit, T. E., & Caspi, A. (2005). *Life-course persistent and adolescent limited antisocial males: Longitudinal follow-up to adulthood.* Cambridge University Press.

Moffit, T. E., Caspi, A., Harrington, H., & Milne, B. J. (2002). Males on the life-course-persistent and adolescent-limited antisocial pathways: Follow-up at age 26 years. *Development and Psychopathology, 14,* 179–207. https://doi.org/10.1017/S0954579402001104.

Patterson, G. R., DeBaryshe, B. D., & Ramsey, E. (1989). A developmental perspective on antisocial behavior. *American Psychologist, 44,* 329–335. https://psycnet.apa.org/doi/10.1037/0003-066X.44.2.329.

Patterson, G. R., Forgatch, M. S., Yoerger, K. L., & Stoolmiller, M. (1998). Variables that initiate and maintain an early-onset trajectory for juvenile offending. *Development and Psychopathology, 10,* 531–547. https://doi.org/10.1017/S0954579498001734.

Pavlov, I. P. (1927). *Conditioned reflexes* (G.V. Anrep, trans.). Oxford University Press.

Savage, J., & Yancey, C. (2008). The effects of media violence exposure on criminal aggression: A meta-analysis. *Criminal Justice and Behavior, 35,* 772–791. https://doi.org/10.1177%2F0093854808316487.

Scheithauer, H., Niebank, K., & Petermann, F. (2000). Biopsychosoziale Risiken. Das Risiko und Schutzfaktorenkonzept. In F. Petermann (Hrsg.), *Risiken in der frühkindlichen Entwicklung: Entwicklungspsychopathologie der ersten Lebensjahre* (S. 65–101). Hogrefe.

Skinner, B. F. (1976). *About behaviourism.* Vintage Books.

Slater, M. D., Henry, K. L., Swaim, R. C., & Anderson, L. L. (2003). Violent media content and aggressiveness in adolescents. *Communication Research, 30,* 713–736. https://doi.org/10.1177%2F0093650203258281.

Sykes, G. M., & Matza, D. (1957). Techniques of neutralization. A theory of delinquency. *American Sociological Review, 22,* 664–670. https://doi.org/10.2307/2089195.

Tannenbaum, F. (1953). *Crime and community.* Columbia University Press.

Watson, J. B. (1924). *Behaviorism.* Norton.

White, H. R., Bates, M. E., & Buyske, S. (2001). Adolescent-limited versus persistent delinquency: Extending Moffitt's hypothesis into adulthood. *Journal of Abnormal Psychology, 110,* 600–609. https://psycnet.apa.org/doi/10.1037/0021-843X.110.4.600.

Zimbardo, P. G., Haney, C., Banks, W. C., & Jaffe, D. (1973). A Pirandellian prison: The mind is a formidable jailer. *New York Times Magazine, 8*(1973), 38–60.

Schuldfähigkeit – Das ist doch „krank"! 3

Diese Überzeugung hört man immer wieder, gerade wenn es sich um Tötungs- oder Sexualdelikte handelt. Aber was für Verhaltensweisen sind eigentlich normal und ab wann bezeichnen Fachleute einen Menschen als krank? Ganz allgemein sollte man beachten, dass aggressives Verhalten an sich keine krankhafte Störung ist. Vielmehr gehören Aggression und Machtdemonstration genauso zum menschlichen Verhaltensrepertoire wie Zusammenhalt, Unterstützung und Mitgefühl. Letztlich ist es von den jeweiligen gesellschaftlichen Normen abhängig, was als normal gilt und ab wann ein Verhalten als inakzeptabel angesehen wird. Essen Sie Fleisch? Es gibt eine wachsende Anzahl von Menschen, die das als grausam empfinden. Haben Sie schon einmal jemanden betrogen? Würden Sie sich deshalb generell als unmoralischen Menschen bezeichnen? Wahrscheinlich nicht. Haben Sie einem lieben Menschen schon einmal etwas gesagt, von dem Sie wussten, dass es ihn verletzen würde? Haben Sie sich dabei vielleicht sogar ganz kurz befriedigt gefühlt? In vielen Fällen gibt es einen fließenden Übergang zwischen normal, akzentuiert und psychisch auffällig.

Ein kleines Experiment dazu: Ein Forscherteam (Buckels et al., 2013) suchte Teilnehmende für eine Studie über „Persönlichkeit und Toleranz gegenüber herausfordernden Jobs". Die Teilnehmenden durften sich für einen von 4 Jobs entscheiden: Kammerjäger (Töten von Wanzen), Assistent des Kammerjägers (beim Töten der Wanzen helfen), Reinigungskraft (Toiletten reinigen) oder eine sinnlose Tätigkeit in kalter Umgebung (Schmerzen durch eisiges Wasser ertragen). Zuvor gab man den Teilnehmenden einen Sadismusfragebogen. Die interessanteste Gruppe war die der Kammerjäger. Ihnen gab man eine Kaffeemühle, die besonders starke Mahlgeräusche erzeugte, und drei lebende Wanzen, denen die Forscher niedliche Namen gaben (Muffin, Ike und Tootsie). In der Studie entschieden sich ca. ¼ der Teilnehmenden dazu, die Wanzen zu töten. Die Teilnehmer mit höheren Sadismuswerten genossen das Töten laut eigener Aussage

© Der/die Autor(en), exklusiv lizenziert an Springer-Verlag GmbH, DE, ein Teil von Springer Nature 2022
J. von Buch et al., *Einführung in die Rechtspsychologie*,
https://doi.org/10.1007/978-3-662-65520-7_3

mehr und töteten alle drei Wanzen, anstatt früher aufzuhören. Dabei handelte es sich keinesfalls um Gewaltstraftäter oder anderweitig auffällig aggressive Menschen. Es waren ganz normale Menschen (es sei denn, Sie würden Psychologiestudenten bereits als auffällige Stichprobe bezeichnen), die Gefallen daran fanden, Lebewesen zu töten. Glauben Sie, Sie hätten Mitleid mit Muffin, Ike und Tootsie gehabt? Oder hätten Sie die drei kaltblütig zermahlen, um zu sehen, wie sich das anhört? Wie normal finden Sie das? Würden Sie das Ihrem/r PartnerIn erzählen? Werten Sie die Opfer bereits ab, indem Sie sich sagen „Das sind doch nur Wanzen"? (siehe hierzu auch Shaw, 2018). Wahrscheinlich ist Ihnen an dieser Stelle bereits deutlich geworden, dass es gar nicht so einfach ist, zwischen „normal" und „krank" zu differenzieren.

Die Frage der Schuldfähigkeit
Bei der Überlegung, was normal und was krankhaft ist, greifen wir letztlich immer auf Normen zurück, die von der jeweiligen Gesellschaft entsprechend formell und informell festgelegt wurden. In einer anderen Gesellschaft mag die Bewertung unseres Verhaltens ganz anders aussehen. In der Begutachtungspraxis werden Sachverständige häufig danach gefragt, ob jemand so psychisch „krank" ist, dass er nicht wie ein „normaler" Mensch bestraft werden kann. Es dreht sich hier um die Schuldfähigkeit. Laut Strafgesetzbuch handelt ein Mensch ohne Schuld, wenn er während der Tat wegen einer krankhaften seelischen Störung, wegen einer tiefgreifenden Bewusstseinsstörung, wegen Intelligenzminderung oder einer schweren anderen seelischen Störung unfähig ist, das Unrecht seiner Tat einzusehen oder nach dieser Einsicht zu handeln (§ 20 StGB, Dölling et al., 2021; s. a. Bötticher et al., 2019). Als vermindert schuldfähig gilt jemand, dessen Fähigkeit, das Unrecht einzusehen oder nach dieser Einsicht zu handeln, aus oben genannten Gründen erheblich vermindert ist (§ 21 StGB). In diesem Fall kann die Strafe gemildert werden. Hierbei geht es nicht um eine generelle Aufhebung der Schuldfähigkeit, sondern darum, ob der Täter zum Zeitpunkt der Tat schuldunfähig oder vermindert schuldfähig war. Ein schizophrener Patient kann beispielsweise während einer symptomfreien Phase eine Straftat begehen und dabei voll schuldfähig sein. Letztendlich hat der Gesetzgeber die Hürden und Anforderungen der Voraussetzungen für die Beurteilung der Schuldfähigkeit recht hoch angelegt. Entsprechend stimmt auch der in der allgemeinen Bevölkerung weit verbreitete Eindruck nicht, dass Straftäter quasi ganz einfach oder schnell als schuldunfähig eingeschätzt werden und so ihrer „gerechten Strafe" entgehen. Ebenso täuschen Täter nur äußerst selten eine psychische Störung vor, um sich schuldunfähig zu stellen und dadurch einer Haftstrafe zu entgehen. Das scheinen eher cineastische Geschichten aus Fernsehserien oder Spielfilmen zu sein.

Derartige Versuche können durch ausgebildete Rechtspsychologen und Rechtspsychologinnen meist recht schnell festgestellt werden. Bei der Beurteilung der Schuldfähigkeit muss zunächst geprüft werden, ob eine psychische Störung vorliegt, die zu einer Verminderung der Schuldfähigkeit führen könnte. Hierzu gibt es vier so genannte Eingangskriterien, die in jedem Gutachten beurteilt werden müssen.

> **Eingangskriterien der Schuldfähigkeitsbeurteilung**
>
> 1. Krankhafte seelische Störung
> 2. Tiefgreifende Bewusstseinsstörung
> 3. Intelligenzminderung
> 4. Schwere andere seelische Störung

Die Begrifflichkeiten erscheinen für die meisten Menschen zunächst einmal unverständlich und abwertend. Es sei an dieser Stelle darauf hingewiesen, dass mit dem Jahr 2021 eine Änderung der nicht mehr zeitgemäßen und stigmatisierenden Begrifflichkeiten des „Schwachsinns" sowie der „schweren anderen seelischen Abartigkeit" durchgeführt wurde. Der Begriff des Schwachsinns wurde durch Intelligenzminderung ersetzt und im Falle der schweren anderen seelischen Abartigkeit wird anstelle von Abartigkeit von Störung gesprochen. Diese veränderten Begrifflichkeiten bedeuten jedoch keine Veränderungen der Begriffsbestimmungen als solche (Schiemann, 2019). In vielen älteren Publikationen werden Sie entsprechend aber noch auf die alten juristischen Bezeichnungen treffen. Bei der Einführung dieser Begriffe herrschte noch ein anderes Verständnis von psychischen Erkrankungen, so dass auch die Zuordnung der Störungen zu den einzelnen Merkmalen heute aus wissenschaftlicher Perspektive nicht mehr ganz aktuell ist. Heute weiß man deutlich mehr darüber, welche Erkrankungen eine organische Ursache haben, so dass die Zuordnungen nicht immer ganz einfach sind (zur organischen Grundlage der emotional instabilen Persönlichkeitsstörung siehe u. a. Herpertz, 2011). Es ist aber nicht nur die Diagnose entscheidend, sondern es kommt auch darauf an, welches Verhalten während oder nach der Tat beobachtet werden konnte (Müller & Nedopil, 2017). Ein Gutachter bzw. eine Gutachterin wird natürlich in der Regel während der Tat nicht anwesend gewesen sein. Man muss aus den Beschreibungen der Zeugen und Berichten der Polizei sowie aus eventuellen Behandlungsberichten ableiten, wie der Zustand eines Menschen zu einem bestimmten Zeitpunkt vermutlich gewesen ist. In der Begutachtung besteht die Aufgabe darin, zu klären, ob zum Tatzeitpunkt eine psychische Störung bzw. ein affektiver Zustand vorlag, der unter eines der Eingangskriterien fällt. Zudem muss man beurteilen, wie stark die Ausprägung dieser Störung war und ob der Mensch in der Lage war, einzusehen, dass die Tat falsch ist, und sich auch dementsprechend zu verhalten (Boetticher et al., 2019). Meistens wird zudem noch die Frage gestellt, ob derjenige untergebracht werden sollte. Ein schuldfähiger Täter wird in der Regel in einer Justizvollzugsanstalt (JVA) inhaftiert werden. Hier stellt sich in einigen Fällen die Frage nach anschließender Sicherungsverwahrung (§ 66 StGB). Ein vermindert schuldfähiger oder schuldunfähiger Straftäter kann nach deutschem Strafrecht so untergebracht werden, dass er behandelt werden kann, um so seine Gefährlichkeit zu reduzieren (§ 63 StGB Unterbringung in einer Maßregelvollzugsanstalt; § 64 in einer Entziehungsanstalt). Für die Leserschaft mag es nach wie vor eher abstrakt sein, was sich hinter dem Konzept der Schuldfähigkeit bzw. Schuldunfähigkeit verbirgt. Die folgenden Beispiele sollen helfen, die praktische Bedeutsamkeit des Konzepts zu veranschaulichen.

Als **krankhafte seelische Störung** im Sinne des § 20 StGB bezeichnet man Erkrankungen, die eine organische Ursache haben. Hierunter fallen u. a. schizophrene Erkrankungen und Alkohol- oder Drogenrausch (vgl. Konrad et al., 2019).

Fallvignette zur „krankhaften seelischen Störung"
Frau N. (34) litt unter einer paranoiden Schizophrenie und wachte eines Nachts plötzlich auf, da sie meinte, Geräusche zu hören. Schlagartig wurde ihr bewusst, dass die Geräusche von Ufos stammten. Aliens wollten ihre kleine Tochter entführen. Kaum, dass ihr dies klar wurde, begann sie zudem, den Geruch von verkohltem Fleisch wahrzunehmen. Die Aliens wollten ihre Tochter auf grausame Weise verbrennen. Dieses Schicksal wollte sie ihr unter allen Umständen ersparen. Blitzschnell lief sie in das Zimmer ihrer Tochter, nahm ihr Kopfkissen und drückte es ihr so lange auf das Gesicht, bis sie sich nicht mehr bewegte. Dann versuchte sie, sich selbst mit einem Küchenmesser zu töten, indem sie sich mehrfach in den Körper stach. Ein Nachbar, der von lauten Geräuschen wach geworden war, rief unterdessen die Polizei, die kurze Zeit später die Wohnung aufbrach und die stark verletzte Frau und das tote Mädchen auffand. Frau N. überlebte diesen Vorfall und wurde in einer Psychiatrie mit Neuroleptika behandelt. Als sie wieder bei Verstand war, war sie so entsetzt über ihr eigenes Verhalten und

> wurde von Trauer wegen des Verlustes ihrer Tochter und starken Schuldgefühlen so sehr belastet, dass sie in der Psychiatrie erneut versuchte, sich das Leben zu nehmen, was ihr jedoch nicht gelang.

Es zeigt sich deutlich, dass Frau N. im Moment der Tat nicht in der Lage war, einzusehen, dass sie etwas Falsches tat. Sie war der festen Überzeugung, ihrer Tochter so eine qualvolle Folter zu ersparen, und damit aus rechtspsychologischer Sicht nicht einsichts- und steuerungsfähig. Sie wurde daher auch nicht in eine JVA, sondern in eine Forensische Psychiatrie eingewiesen, wo sie behandelt wurde und sich mit ihrer Tat auseinandersetzen konnte.

Eine **tiefgreifende Bewusstseinsstörung** im Sinne des § 20 StGB ist eine Bewusstseinsveränderung, die bei einem ansonsten gesunden Menschen auftreten kann. Sie wird in der Praxis nur selten festgestellt. Am ehesten kommen hierfür Affektdelikte in Betracht, bei denen ein Mensch so verzweifelt, wütend oder ängstlich ist, dass er sein Verhalten nicht mehr angemessen steuern kann. Hierbei ist es u. a. wichtig, dass das Verhalten persönlichkeitsfremd ist. Das bedeutet, dieser Mensch verhält sich sonst deutlich anders. Die Handlungen sind ihm „wesensfremd". Es handelt sich um normalpsychologische Erregungszustände oder seelische Ausnahmezustände (Foerster et al., 2020; Kröber, 2016; Kröber & Albrecht, 2001; Saß, 2008), die auch bei einem gesunden Menschen in extremen Belastungssituationen auftreten können. Der Mensch verhält sich umgangssprachlich völlig kopflos. Das Geschehen muss dabei schnell ablaufen. Wenn sich jemand beispielsweise im Vorfeld tagelang mit der Begehung einer Tat auseinandersetzt, handelt es sich nicht um eine tiefgreifende Bewusstseinsstörung. Insbesondere muss es in dem kurzen Zeitraum vor der Tat zu einem „rechtwinkeligen" Anstieg der Erregung bzw. des emotionalen Zustands gekommen sein. Die Täter werden quasi emotional in der Situation „überrollt" und der Verstand „klinkt" sich aus. Die Täter handeln entsprechend spontan oder impulsiv und benutzen eher Tatwerkzeuge, die sich in ihrer Nähe befinden. Das Mitbringen von Tatwerkzeugen könnte – je nach Fall – als eine planende Komponente interpretiert werden und würde tendenziell gegen die zuvor genannte Spontaneität sprechen. Durch das Mitführen einer Waffe wäre zudem das Kriterium der „Wesensfremdheit" prinzipiell infrage zu stellen. In der Fallvignette wird ein Fallbeispiel zur Verdeutlichung der tiefgreifenden Bewusstseinsstörung skizziert.

Fallvignette zur „tiefgreifenden Bewusstseinsstörung"
Herr M. war zum Tatzeitpunkt 53 Jahre alt und lebte mit seiner damaligen Frau und den zwei Kindern in einer Reihenhaussiedlung in einer Kleinstadt. Er war durchschnittlich intellektuell begabt und es gab in seinem Lebenslauf keinerlei Hinweise auf psychische Störungen. Ebenfalls nahm er keine Drogen ein. Er hat eine bemerkenswerte berufliche Karriere hingelegt. Nach seinem Realschulabschluss hat er eine handwerkliche Lehre absolviert und währenddessen an der Abendschule sein Abitur nachgeholt. Anschließend hat er parallel zur Familiengründung ein Ingenieurstudium abgeschlossen. Diese Phase war für ihn zwar sehr anstrengend, es bereitete ihm aber auch Spaß. Die Universitätszeit mit den Kommilitonen und den geistigen Herausforderungen war für ihn sehr bereichernd. Nebenbei arbeitete er viel und verbrachte viel Zeit mit seiner Frau sowie den beiden kleinen Kindern. Sie stellte ihren Beruf zugunsten seiner Karriere nach hinten. Herr M. stieg in einem städtischen Betrieb in die Führungsebene ein und machte viele Überstunden. Insgesamt war die Beziehung zu seiner Frau aus seiner Sicht sehr gut. Zu seinen Kindern hatte er ebenfalls ein sehr gutes Verhältnis. Ein halbes Jahr vor der Tat begann seine Frau eine Affäre mit seinem Nachbar. Sie fühlte sich von ihrem Mann nicht gesehen. Er wunderte sich öfter, dass seine Frau ohne ihn auf Fahrradtouren ging. Früher hatten sie das zusammen gemacht. Irgendwann kam ihm der Verdacht, dass seine Frau fremdgeht. Herr M. beobachtete sie heimlich und sah, wie sie sich mit dem Nachbarn traf. Herr M. sprach beide darauf an. Sie stritten eine Beziehung ab. Am Tattag ging Herr M. zu seinem Nachbar. In der Küche sprach Herr M. den Nachbarn auf die Affäre an. Dieser sagte ihm ins Gesicht, dass er seine Frau nur hätte besser „ficken" müssen, dann wäre sie nicht „unterfickt" zu ihm gekommen. Das spätere Opfer legte verbal weiter zu und sagte zu Herrn M., dass sie das erste Mal seit Jahren bei ihm einen Orgasmus gehabt hätte. Daraufhin schlug er mit der Bratpfanne – welche auf dem Herd des Nachbarn stand – mehrfach auf den Kopf des Opfers ein. An die eigentliche Tat hat Herr M. keine Erinnerung mehr. Er weiß nur noch, wie der Nachbar die Sache mit dem Orgasmus gesagt hat. Da ist Herr M. seinen Angaben nach wohl „ausgerastet".

Unter **Intelligenzminderung** fasst man nach § 20 StGB starke kognitive Einschränkungen ohne organische Ursache, die zu einer leichteren Verführbarkeit und zu unüberlegten Handlungen in komplexen Situationen führen. In der Regel wird der Intelligenzquotient (IQ) meist deutlich unter 70 liegen, um das Kriterium in Betracht ziehen zu können. Für die rechtspsychologische Einschätzung der früher als „Schwachsinn" bezeichneten Intelligenzminderung ist es zusätzlich zur Ermittlung des IQ-Wertes auch notwendig, das psychosoziale Funktionsniveau und die soziale Teilhabe zur Gesamtbeurteilung des Schweregrades der Störung miteinzubeziehen. Intelligenzgeminderte Personen wissen in der Regel, was falsch und was richtig ist, sie können jedoch nicht immer danach handeln. So ist die Einsichtsfähigkeit meistens gegeben, die Steuerungsfähigkeit jedoch häufig nicht.

> **Fallvignette zur „Intelligenzminderung"**
> Der zum Tatzeitpunkt 23 Jahre alte Herr T. lebte in einer teilstationären Wohneinrichtung für Menschen mit intellektuellen Herausforderungen und arbeitete in einer Werkstatt für Menschen mit besonderen Herausforderungen (früher „Werkstatt für Behinderte"). In einer umfassenden psychologischen Diagnostik erreichte er einen Intelligenzquotienten (IQ) von 58. Zudem waren seine psychosozialen Kompetenzen deutlich eingeschränkt, so konnte er nicht selbständig seine lebenspraktischen Belange regeln und benötigte im Alltag beständig pädagogische Unterstützung (u. a. finanzielle Angelegenheiten, häusliche Tätigkeiten sowie Hygiene). Damit fällt der Proband nach der ICD-10 (Dilling et al., 2015) in den Bereich einer mittelgradigen Intelligenzminderung. Seit seiner Kindheit war Herr T. von Feuer und der Feuerwehr beeindruckt. In diesem Zuge kam es seit seiner Kindheit immer wieder dazu, dass Herr T. mit Feuer „gespielt" hat, um anschließend die Brände als „Feuerwehrmann" wieder zu löschen. Bei dem aktuellen Fall hat Herr T. erneut einen Brand gelegt. Da er wusste, dass das nicht erlaubt ist und er dafür „Ärger" bekommen würde, hat er heimlich in seinem Zimmer der Wohneinrichtung Streichhölzer, Grillanzünder und eine Feuerwehrverkleidung sowie ein Handlöschgerät unter seinem Bett versteckt. Nachdem die pädagogischen Fachkräfte abends Feierabend hatten, schlich sich Herr T. zu einem nahegelegenen Bauernhof und zündete dort in der Nähe einer Scheune einen kleinen Haufen Stroh an, um es als „Feuerwehrmann" anschließend selbst zu löschen. Jedoch konnte er das Feuer mit seinem Handlöscher nicht unter Kontrolle bekommen und das Feuer griff auf die Scheune über. Die Polizei konnte Herr T. am Tatort als Tatverdächtigen festnehmen und die Feuerwehr konnte nur unter erheblichen Einsatz die Scheune löschen. Es ist ersichtlich, dass Herr T. zwar voll

> einsichtsfähig war, aber seine Steuerungsfähigkeit durch die intellektuelle Beeinträchtigung beeinträchtigt erscheint.

Unter einer **schweren anderen seelischen Störung** nach § 20 StGB werden alle psychischen Störungen gefasst, bei denen biologische Prozesse nicht im Vordergrund stehen. Zu diesem Bereich zählen u. a. Persönlichkeitsstörungen, Störungen der Sexualpräferenz, Störungen der Impulskontrolle, hyperkinetische Störungen und schwere Formen eines gestörten Sozialverhaltens in der Jugend (Köhler, 2014; Konrad et al., 2019; Kröber, 2007; Schmidt, 2008, 2017).

> **Fallvignette zur „schweren anderen seelischen Störung"**
> Seit seinem Jugendalter hat Herr P. sexuelle Fantasien, in denen Jungs im Alter von ca. 10 Jahren gemeinsam mit ihm „kuscheln" und ihn fragen, ob sie ihn oral befriedigen dürfen. In seiner Vorstellung bejaht er diese Frage, die Kinder führen dann bei ihm Oralsex durch und Herr P. ejakuliert auf deren Gesicht. Anhand dieser Vorstellung hat sich Herr P. über mehrere Jahre selbstbefriedigt und sich zudem eine Sammlung von homosexuellen Pornofilmen mit Gesichtsbesamung auf seinem PC angelegt. Mit 21 Jahren wird er von den Eltern eines zehnjährigen Jungen wegen sexuellen Missbrauchs angezeigt. Die Staatsanwaltschaft ermittelt und kann weitere drei Opfer finden. Alle Opfer waren im Alter von 9 bis 11 Jahren. Herr P. hat seine Opfer im Rahmen seiner Tätigkeit als Fußballtrainer kennengelernt. Samstagsnachmittags hat er die Jungs zum Bundesliga-Fußballschauen zu sich in seine Wohnung eingeladen. Zunächst hat er mit ihnen Fußball geguckt. Später hat er sich mit ihnen Pornofilme angeschaut. In seiner Wohnung ist es auch zu den Straftaten gekommen. Dabei hat er die Kinder entsprechend seinen sexuell-abweichenden Fantasien manipuliert. Wie in einem Rollenspiel wurden seine Vorstellungen gemeinsam durchgespielt. Schließlich hat er mit seinen Opfern einen „Geheimhaltungs-Schwur" geschworen und sie zur Verschwiegenheit verpflichtet. Seine Tatplanungen und die Verschwiegenheitsverpflichtung können als eine vorhandene „Einsichtsfähigkeit" interpretiert werden. Hingegen könnte seine „Steuerungsfähigkeit" aufgrund des starken Dranges, seine sexuellen Fantasien in Realität auszuführen, als „eingeschränkt" angesehen werden. Es wird zumindest deutlich, dass eine Beschränkung auf eine fantasiegetriebene Selbstbefriedigung zur sexuellen Stimulation nicht

3 Schuldfähigkeit – Das ist doch „krank"!

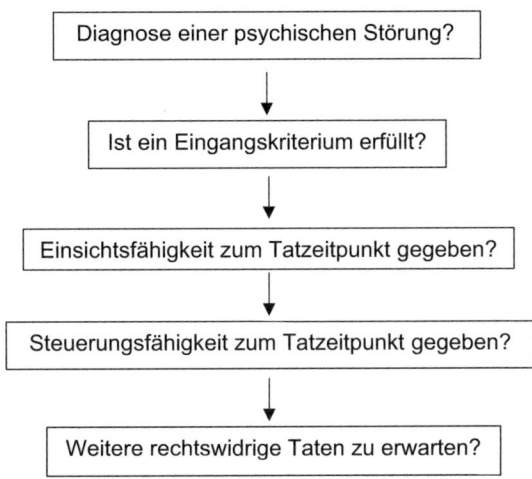

Abb. 3.1 Rechtspsychologischer Prozess zur Frage der Schuldfähigkeit. (Aus: Köhler, D. (2014). Rechtspsychologie. Stuttgart: Kohlhammer.)

mehr ausreichend war und sich seine sexuell abweichende Fantasietätigkeit progredient ungünstig entwickelt hat. Für die Verfestigung einer bestehenden Störung der Sexualpräferenz spricht auch, dass Herr P. gegenüber der Staatsanwaltschaft angibt, dass die Kinder ihn quasi „verführt" hätten und dass es sich um einvernehmliche sexuelle Handlungen gehandelt habe.

In der Regel wird beim Kriterium der schweren anderen seelischen Störung die Einsichtsfähigkeit gegeben sein, die Steuerungsfähigkeit unter Umständen nur eingeschränkt. Dies hängt nicht allein von der Diagnose ab, sondern auch von den situativen Gegebenheiten wie z. B. der Kombination mit Alkohol (Kröber, 2020a). In Abb. 3.1 ist dargestellt, dass die rechtspsychologische Einschätzung der Schuldfähigkeit ein mehrstufiger Prozess ist (vgl. u. a. Volbert & Dahle, 2010; Köhler, 2014). Es geht dabei nicht nur darum, herauszufinden, ob ein Straftäter eine psychische Störung aufweist oder nicht. Vielmehr muss bei einer vorhandenen psychischen Störung oder der Möglichkeit einer tiefgreifenden Bewusstseinsstörung geprüft werden, ob zum Tatzeitpunkt die Einsichts- und/oder Steuerungsfähigkeit beeinträchtigt oder aufgehoben war/en.

Sollten die 1. und die 2. Beurteilungsebene „bejaht" werden, so schließen sich die Fragestellung der §§ 63 und 64 StGB an. Bei dem § 63 StGB muss beispielsweise geklärt werden, ob aufgrund der psychischen Störung und der eingeschränkten oder aufgehobenen Steuerungs- und/oder Einsichtsfähigkeit weitere erhebliche rechtswidrige Taten zu erwarten sind. Was juristisch konkret unter

„erheblich" und „erwartbar" zu verstehen ist, kann an dieser Stelle aus ökonomischen Gründen im Rahmen einer rechtspsychologischen Einführung in die Thematik nicht weiter dargelegt werden. Die Rechtsprechung und die fachliche Kommentierung haben hierzu aber ausführlich Stellung bezogen. Unter anderem finden sich bei Konrad et al. (2019) vertiefende Inhalte. Bei unserer Fallvignette von Frau N. könnte es beispielsweise bedeuten, dass, wenn eine akute psychische Störung nicht mehr vorhanden und deshalb auch keine weiteren Straftaten zu erwarten wären, es nach § 63 StGB für eine Unterbringung in der forensischen Klinik nicht ausreichen würde. Die Täterin könnte aufgrund der Schuldunfähigkeit ohne Strafe oder Unterbringung im Maßregelvollzug bleiben. Das ist aber nur eine vereinfachte Darstellung zur besseren Verständlichkeit. In der Praxis sind die rechtspsychologischen Fälle und Prozesse weitaus komplexer und oftmals weniger prototypisch. Bei der rechtspsychologischen Beurteilung handelt es sich um eine einzelfalldiagnostische Vorgehensweise, die qualitative und quantitative Forschungsmethoden für die Beantwortung der richterlichen Fragestellungen nutzt (vgl. auch Westhoff & Kluck, 2014). Der oder die Sachverständige ist damit Gehilfe bzw. Gehilfin des Gerichts.

Literaturempfehlungen

Kröber, H.-L. (2020). Konzepte und Implikationen der verminderten Schuldfähigkeit. *Forensische Psychiatrie, Psychologie, Kriminologie, 14, 381-392.*

Volbert, R., & Dahle, K. P. (2010). *Forensisch-psychologische Diagnostik im Strafverfahren.* Hogrefe Verlag.

Interview mit dem psychiatrischen Gutachter Prof. Dr. Norbert Nedopil: Https://www.youtube.com/watch?v=NkJlvnt2Qcs.

Patienten im Maßregelvollzug: Http://www.youtube.com/watch?v=ADHvJxCUlXo

Literatur

Boetticher, A., Koller, M., Böhm, K. M., Brettel, H., Dölling, D., Höffler, K., Müller-Metz, R., Pfister, W., Schneider, U., Schöch, H., & Wolf, T. (2019). Empfehlungen für Prognosegutachten: Rechtliche Rahmenbedingungen für Prognosen im Strafverfahren. *Forensische Psychiatrie, Psychologie, Kriminologie, 13,* 305–333. https://doi.org/10.1007/s11 757-019-00557-0.

Buckels, E. E., Jones, D. N., & Paulhus, D.L. (2013). Behavioral confirmation of everyday sadism. *Psychological Science, 24*(11), 2201–2209. https://doi.org/10.1177%2F0956797 613490749.

Dilling, H., Mombour, W., & Schmidt, M. (Hrsg.). (2015). *Internationale Klassifikation psychischer Störungen. 10* (Überarbeitete). Hogrefe.

Dölling, D., Duttge, G., König, S., & Rössner, D. (Hrsg.). (2021). *Gesamtes Strafrecht* (5. Aufl.). Nomos.

Foerster, K., Bork, S., & Venzlaff, U. (2020). Die „tiefgreifende Bewusstseinsstörung" und andere affektive Ausnahmezustände. *Psychiatrische Begutachtung – Ein praktisches Handbuch für Ärzte und Juristen* (7. Aufl., S. 285–295). Elsevier.

Herpertz, S. C. (2011). Affektregulation und ihre neurobiologischen Grundlagen. In B. Dulz, S. C. Herpertz, O. F. Kernberg, & U. Sachsse (Hrsg.), *Handbuch der Borderline-Störungen* (S. 75–85). Schattauer.

Konrad, N., Huchzermeier, C., & Rasch, W. (2019). *Forensische Psychiatrie und Psychotherapie: Rechtsgrundlagen, Begutachtung und Praxis* (5. erweiterte & überarbeitete Aufl.). Kohlhammer.

Köhler, D. (2014). *Rechtspsychologie*. Kohlhammer.

Kröber, H. (2007). Der Weg von der Persönlichkeitsstörung zur schweren seelischen Abartigkeit. *Forensische Begutachtung bei Persönlichkeitsstörungen* (S. 67–77). Medizinisch Wissenschaftliche Verlagsgesellschaft.

Kröber, H. L. (2016). Die Beurteilung der Steuerungsfähigkeit bei psychischen Störungen. *Forensische Psychiatrie, Psychologie, Kriminologie, 10*(3), 181–188. https://doi.org/10. 1007/s11757-016-0375-2.

Kröber, H. L. (2020). Konzepte und Implikationen der verminderten Schuldfähigkeit. *Forensische Psychiatrie, Psychologie, Kriminologie, 14,* 381–392. https://doi.org/10.1007/s11 757-020-00626-9.

Kröber, H. L., & Albrecht, H. J. (2001). *Verminderte Schuldfähigkeit und psychiatrische Mängel*. Nomos.

Müller, J. L., & Nedopil, N. (2017). *Forensische Psychiatrie: Klinik*. Georg Thieme.

Saß, H. (2008). Tötung mit und ohne tiefgreifende Bewusstseinsstörung. *Forensische Psychiatrie, Psychologie, Kriminologie, 2,* 11–21. https://doi.org/10.1007/s11757-008-0068-6.

Schiemann, A. (2019). Weg mit dem Schwachsinn: Zur längst überfälligen Ersetzung der Begriffe „Schwachsinn" und „Abartigkeit" in § 20 StGB und der verpassten Chance einer umfassenden Reform der Schuldfähigkeitsfeststellung. *KriPoZ, 6,* 338–346.

Schmidt, A. F. (2008). *Psychologische Schuldfähigkeitsbegutachtung bei so genannter schwerer anderer seelischer Abartigkeit*. Centaurus.

Schmidt, A. F. (2017). *Psychologische Schuldfähigkeitsbegutachtung bei sogenannter schwerer anderer seelischer Abartigkeit: Eine Begutachtungsheuristik auf empirischer Grundlage* (Bd. 24). Springer.
Shaw, J. (2018). *Böse*. Hanser.
Volbert, R., & Dahle, K. P. (2010). *Forensisch-psychologische Diagnostik im Strafverfahren*. Hogrefe.
Westhoff, K., & Kluck, M. L. (2014). *Psychologische Gutachten schreiben und beurteilen: Entspricht den deutschen und europäischen Richtlinien zur Erstellung psychologischer Gutachten*. Springer.

4 Psychopathie – Was ist eigentlich ein Psychopath?

Der Film *Das Schweigen der Lämmer* war in den 1990er Jahren allseits beliebt und gewann als einer von wenigen Filmen Oscars in den 5 wichtigsten Kategorien. Die Geschichte erzählt von der fiktiven FBI-Agentin Starling auf der Jagd nach einem Serienmörder. Der kannibalistische Mörder, Hannibal Lecter, soll ihr aus dem Gefängnis heraus bei der Suche nach anderen Mördern helfen. Für jede Information, die er der Agentin gibt, will er etwas aus ihrem Privatleben erfahren. Im Laufe der Zeit entwickelt sich eine Verbindung zwischen den beiden und es wird deutlich, dass beide so etwas wie Sympathie für einander empfinden, auch wenn sie vorrangig versuchen, durch den anderen die eigenen Ziele zu erreichen. Solche Filme üben eine ungemein große Faszination auf uns Menschen aus. Die Geschichte des Films hat eine reale Grundlage. Ende der 1970er Jahre haben die FBI-Beamten Robert K. Ressler und John Douglas begonnen, sich mit Serienmördern und deren Psyche zu beschäftigen. Dabei gingen die beiden mit Kollegen in die amerikanischen Gefängnisse und interviewten – ähnlich wie bei *Das Schweigen der Lämmer* dargestellt – zahlreiche Serienmörder. Sie fanden heraus, dass es verschiedene Typen von Gewaltstraftätern gibt. Einer davon war der planende Täter mit viel Charme und manipulativem Verhalten. Hannibal Lecter ist in der cineastischen Darstellung eine überspitzte Mischung aus verschiedenen US-Serienmördern und wird als weitgehend prototypisch für einen Menschen mit psychopathischen Eigenschaften dargestellt. Doch was ist eigentlich ein Psychopath?

Der Begriff Psychopathie reicht bis zum Anfang des 19. Jahrhunderts zurück, als in der französischen Psychiatrie sozial auffällige Personen beschrieben wurden, die durch affektive, d. h. emotionale Beeinträchtigungen und impulsive Handlungen auffielen (vgl. Fiedler & Herpertz, 2016). Gleichzeitig boten diese Persönlichkeiten aber keinerlei Anzeichen einer Geisteskrankheit im engeren Sinne. Etwa zur selben Zeit wurden im angelsächsischen Raum

Personen beschrieben, die bei ansonsten vorliegender seelischer und geistiger Gesundheit (also beispielsweise keine Schizophrenie) durch Rücksichtslosigkeit, Aggressivität und Verantwortungslosigkeit auffielen (Rush, 1812). Damit wurde konzeptionell eine Nähe zu aggressivem und kriminellem Verhalten hergestellt. Abweichend von der angelsächsischen und französischen Definition, die einen eher engeren Rahmen aufwies, wurde der Begriff Psychopathie in der Deutschen Psychiatrie lange Zeit als eine Art Oberbegriff für Persönlichkeitsstörungen verwendet. In diesem Zusammenhang sprach beispielsweise Kurt Schneider (1923) von den psychopathischen Persönlichkeiten und listete zehn verschiedene Typen auf. Er fasste unter den Begriff u. a. die explosiblen, die fanatischen oder die willenlosen Persönlichkeiten. Seine Grundüberlegungen gingen in die aktuellen Klassifikationssysteme wie die ICD-11 mit ein, aber der Begriff Psychopathie wird heutzutage nicht mehr als Oberbegriff für Persönlichkeitsstörungen benutzt.

Viele Menschen würden sagen, dass das entscheidende Merkmal eines Psychopathen der Mangel an Empathie ist. Das bedeutet beispielsweise, dass jemand keine Reue oder Traurigkeit erlebt, wenn er jemandem wehtut. Empathie schützt uns im Allgemeinen davor, anderen Menschen Schmerzen zuzufügen. Es sind allerdings nicht alle Gewaltstraftäter Psychopathen. Die psychopathischen Straftäter stellen eine Subgruppe dar, die als besonders problematisch bewertet wird. Die Ergebnisse einer Metaanalyse der Neuroimaging-Forschung legen nahe, dass dem psychopathischen Verhalten eine abnormale Hirnaktivität zugrunde liegt. In Gehirnen von Psychopathen scheint es eine ungewöhnliche Aktivität des bilateralen präfrontalen Kortex und der rechten Amygdala zu geben (Poeppl et al., 2017; vgl. auch Blair et al., 2018). Im präfrontalen Kortex verortet man u. a. Entscheidungen, in der Amygdala Emotionen. Man kann jedoch bis heute nicht anhand einer Aufnahme des Gehirns erkennen, ob jemand zum Mörder wird oder nicht. Das verdeutlichte sehr anschaulich ein Forscher (Fallon, 2015), als er die Gehirne psychopathischer Mörder untersuchte und auf einem Bild eindeutig pathologische Strukturen fand. Er musste dann feststellen, dass er sein eigenes Gehirn angesehen hatte. Zunächst vermutete er, dass seine Hypothese falsch gewesen war, da er noch nie jemanden umgebracht oder vergewaltigt hatte. Er fand dann aber heraus, dass es unter seinen Vorfahren mindestens 8 Personen gegeben hatte, die jemanden umgebracht hatten. Das Gehirn allein scheint allerdings nicht erklären zu können, ob und warum jemand zum Mörder oder zum Psychopathen wird (Blair, 2003; Waldmann et al., 2018). In dem 2018 in der 2. Auflage erschienenen Standardwerk „Handbook of Psychopathy" von Christopher C. J. Patrick wird in zahlreichen Beiträgen der Frage nach den genetischen, biologischen und sozialen sowie psychischen Einflussfaktoren nachgegangen (u. a. Blair et al., 2018; Waldmann et al., 2018; Yang & Raine, 2018).

Entsprechend moderner entwicklungspsychopathologischer Modelle ist davon auszugehen, dass die Kombination biopsychosozialer Variablen für die Entstehung von Psychopathie verantwortlich ist. Sollte Sie die psychopathische Persönlichkeit stark interessieren, so ist dieses Übersichtswerk sehr zu empfehlen.

Psychopathie-Konstrukt nach Hare
Das aktuell verbreitetste Psychopathie-Konzept stammt von Hare (1991; 2003), der u. a. für seine Definition die Arbeit „Mask of sanity" von Cleckley (1941) verwendete. Cleckley schilderte in seinem Buch verschiedene Fälle von Menschen, die sich alle zwischenmenschlich sehr positiv präsentieren konnten, aber hinter der charmanten Maske eher skrupellos und unempathisch waren. Hare erstellte eine Liste von Eigenschaften und Verhaltensweisen, die für einen Psychopathen prototypisch sein sollten. Auf Basis einer Vielzahl von Studien fand er insgesamt 20 Kennzeichen eines „charakteristischen" Psychopathen. Sein Buch „Gewissenlos. Die Psychopathen unter uns" (Hare, 2005) ist sehr lesenswert und bietet einen hervorragenden Einblick in sein Konzept und seine wissenschaftliche Arbeit sowie die Ursachen von Psychopathie. Hare legte den Schwerpunkt auf die Persönlichkeitseigenschaften, auf denen delinquentes und kriminelles Verhalten seiner Ansicht nach basiert. Seine Kriterienliste hat er auf Basis umfangreicher Forschung wiederum in zwei Faktoren mit jeweils zwei Facetten aufgeteilt. In Tab. 4.1 sind die prototypischen Eigenschaften und Verhaltensweisen eines Psychopathen aufgeführt.

Die von Hare entwickelte Psychopathie-Checkliste (Deutsche Version: Mokros et al., 2017) wird häufig als Instrument zur Prognose der Rückfälligkeit und Risikoeinschätzung zukünftiger Gefährlichkeit eingesetzt. Die Arbeitsgruppe von Andreas Mokros, dem führenden Psychopathie-Forscher in Deutschland, hat eine deutsche Übersetzung der Psychopathie Checklist – Revised (PCL-R; Mokros et al., 2017) vorgelegt und umfangreich wissenschaftlich überprüft. Die Verwendung der PCL-R in der Gefährlichkeitseinschätzung von Straftätern kann signifikant zukünftige Gewaltstraftaten vorhersagen und gilt als „Gold-Standard" der rechtspsychologischen Diagnostik in diesem Bereich. Es gibt dabei kategoriale Ansätze, die postulieren, dass man entweder Psychopath ist oder nicht, je nachdem ob man unter oder über dem Cut-off-Wert liegt. Z. B. ist für Gewalt- und Sexualstraftäter, die einen hohen Wert in der PCL-R aufweisen (Cut-off 30), eine doppelt so hohe Rückfallquote wie bei anderen Gewalt- und Sexualstraftätern festgestellt worden (ebd.). Andere Sichtweisen betonen, dass auch ein Wert, der beispielsweise einen Punkt unter dem Cut-off-Wert liegt, bereits problematisch ist und es vielmehr um ein Kontinuum geht, auf dem jeder Mensch eingeordnet werden kann (z. B. Marcus et al., 2004; Mokros et al., 2017). Psychopathie ist

Tab. 4.1 Prototypische Eigenschaften und Verhaltensweisen von Psychopathen (Mokros et al., 2017. Bezugsquelle des Testverfahrens: Testzentrale Göttingen, Herbert-Quandt-Str. 4, 37081 Göttingen, Tel. (0551) 999-50-999, https://www.testzentrale.de/. Für eine Codierung der Items reichen die angegebenen Itembezeichnungen keineswegs aus; hierfür ist das Testmanual mit Itembeschreibungen und Codierungsvorschriften erforderlich.)

Faktor I Psychopathische Kernmerkmale	**Facette 1: Interpersonell** • Sprachliche Gewandtheit/Oberflächlicher Charme (1) • Übersteigertes Selbstwertgefühl (2) • Pathologisches Lügen (4) • Betrügerisch/Manipulativ (5) **Facette 2: Affektiv** • Mangel an Reue oder Schuldgefühl (6) • Geringe Empfindungsfähigkeit (7) • Herzlos/Mangel an Empathie (8) • Fehlende Verantwortungsübernahme für eigenes Handeln (16)
Faktor II Soziale Abweichung	**Facette 3: Lebenswandel** • Bedürfnis nach Stimulation/Neigung zu Langeweile (3) • Parasitärer Lebenswandel (9) • Mangel an realistischen, langfristigen Zielen (13) • Sprunghaftigkeit (14) • Verantwortungslosigkeit (15) **Facette 4: Antisozial** • Schwache Verhaltenskontrolle (10) • Frühe Verhaltensauffälligkeiten (12) • Jugenddelinquenz (18) • Widerruf einer bedingten Entlassung (z. B. Verstöße gegen Bewährungsauflagen) (19) • Kriminelle Vielseitigkeit (20)
Sonstige Items (ohne faktorielle Zuordnung	• Promiskes Sexualverhalten (11) • Viele kurze, eheähnliche Beziehungen (17)

Anmerkungen: Mit freundlicher Genehmigung von Hogrefe: Für eine Codierung der Items reichen die o.a. Itembezeichnungen keineswegs aus; hierfür ist das Testmanual mit Itembeschreibungen und Codierungsvorschriften erforderlich. In Klammern: Nummern der Items in der Sortierung des Manuals

im Übrigen nicht gleichzusetzen mit einer antisozialen Persönlichkeitsstörung. Es ist davon auszugehen, dass fast alle Strafgefangenen, die als Psychopathen beurteilt werden, auch die Kriterien für eine antisoziale Persönlichkeitsstörung (nach DSM-IV) oder eine dissoziale Persönlichkeitsstörung (ICD-10) erfüllen. Jedoch sind umgekehrt nur um die 25–40 % der Gefangenen mit einer antisozialen oder dissozialen Persönlichkeitsstörung auch Psychopathen (Habermeyer & Mokros, 2017).

Was sehr wichtig ist und was Hare auch immer betont hat, ist, dass Psychopathie nicht mit Kriminalität gleichzusetzen ist. Unabhängig vom forensischen Setting findet man auch in der Allgemeinbevölkerung immer wieder Personen, die einzelne psychopathische Eigenschaften aufweisen, auch wenn diese dann in der Regel nicht die Kriterien erfüllen, um von einer psychopathischen Persönlichkeit zu sprechen. In einigen Kontexten sind psychopathische Verhaltensweisen durchaus akzeptiert – bei Extremsportlern, Politikern und Entdeckern beispielsweise (Fiedler, 2007). Insofern ist das Psychopathie-Konzept nicht ausschließlich auf Kriminelle zu beziehen, auch wenn sich hier deutlich mehr Psychopathen finden. Es ist äußerst schwierig, den Anteil von Psychopathen in der Allgemeinbevölkerung zu bestimmen, da nicht alle notwendigen Informationen vorhanden sind, die für eine Beurteilung notwendig sind. Ein Anteil von etwa 1–3 % wird anhand der aktuellen Studienlage geschätzt (Neumann & Coid et al., 2009; Hare, 2008; Mokros et al., 2017). Der Anteil der antisozialen Persönlichkeitsstörungwird in der Allgemeinbevölkerung unter Männern auf 2,1 % und unter Frauen auf 0,7 % geschätzt (Grant et al., 2004; Ullrich & Coid, 2009).

Aktuelle und moderne Psychopathie-Konzepte
In methodischer und inhaltlicher Abgrenzung sowie konzeptioneller Weiterentwicklung zu den Arbeiten von Hare haben Cooke et al., (2012, 2018) eine Beschreibung der psychopathischen Persönlichkeit mit Hilfe des sogenannten „Trait-Ansatzes" vorgenommen. Anhand von Eigenschaftsbegriffen („Traits") haben die Autoren versucht, Merkmale zu finden, die kulturunabhängig und ohne kriminelles Verhalten Psychopathen „umfassend" beschreiben können. Sie postulieren sechs Bereiche, denen bestimmte spezifische persönlichkeitsbeschreibende Eigenschaften und Adjektive zugeordnet sind (vgl. Heinzen et al., 2013, S. 125):

1. **Bindung:** sozial losgelöst, ungebunden, unempathisch, unfürsorglich
2. **Verhalten:** fehlende Beständigkeit, nicht vertrauenswürdig, rücksichtslos, unruhig, unruhestiftend, aggressiv
3. **Kognition:** verdächtigend, fehlende Konzentration, intolerant, unflexibel, fehlendes Planen

4. **Dominanz:** feindlich, dominant, betrügerisch, manipulativ, unaufrichtig, redselig,
5. **Emotion:** fehlende Angst, fehlende Freude, fehlender emotionaler Tiefgang, fehlende emotionale Stabilität, fehlendes Schuldempfinden,
6. **Selbst:** selbstbezogen, selbsterhöhend, Gefühl von Einzigartigkeit, Anspruchsdenken, Gefühl von Unverwundbarkeit, selbstrechtfertigend, instabiles Selbstkonzept

Zur Erfassung dieser psychopathischen Persönlichkeitsmerkmale hat das Team um David Cooke das *Comprehensive Assessment of Psychopathic Personality (CAPP)* entwickelt, welches mittlerweile in Form eines Interviews, eines Fragebogens und einer Adjektiv-Rating Scala vorliegt (siehe https://capp-network.no/). Cooke und Logan (2018) haben den Forschungstand zum CAPP-Modell und den klinischen Herausforderungen beim Interviewen von Psychopathen zusammengefasst. Das CAPP-Interview liegt in deutscher Sprache vor (Stoll et al., 2011). Die deutsche Version des CAPP-Selbstbeurteilungsfragebogens befindet sich in Erforschung (Köhler et al., in prep).

Darüber hinaus gibt es verschiedene andere Modelle des Psychopathie-Konzeptes. Beispielsweise haben Patrick et al. (2009) das Triarchic Psychopathy Measure (TriPM) entwickelt, welches aus den drei Faktoren Boldness (Mut), Meaness (Gemeinheit) und Disinhibition (Enthemmung) besteht. Für das Modell liegen zahlreiche positive Belege vor (u. a. Sellbom et al., 2018). Lynam et al. (2018) weisen darauf hin, dass Psychopathen auch mit Hilfe von gängigen Persönlichkeitsmodellen wie dem Fünf-Faktoren-Modell der Persönlichkeit beschrieben werden können. Psychopathen sind entsprechend dieser Theorie vor allem durch negative Ausprägungen in die Dimensionen Verträglichkeit (→unverträglich) und Gewissenhaftigkeit (→gewissenlos) gekennzeichnet. Zusätzlich zeigen prototypische Psychopathen auch Zusammenhänge zu bestimmten Facetten der emotionalen Stabilität (u. a. unemotional, keine Angst, Feindseligkeit) und Extraversion (Aktivität, Aufregungssuche). Aufbauend auf diesem Modell haben Lynam et al. (2011) ein Instrument entwickelt, welches die grundlegenden Persönlichkeitseigenschaften von Psychopathen erfassen soll. Antagonismus (z. B. Kälte, Manipulation), Enthemmung (z. B. Unbesonnenheit, Unbeharrlichkeit), Narzissmus (z. B. Dominanz, Wut) und emotionale Stabilität (z. B. Unverwundbarkeit, Sorglosigkeit) zeigen die höchsten Zusammenhänge mit dem Konzept (Schneider et al., 2022). Überschneidungen mit dem CAPP-Modell, welches ebenfalls einen Trait-orientierten Ansatz hat, sind offensichtlich. Durch diese persönlichkeitspsychologische Herangehensweise hat sich auch das DSM5 und die ICD-11 in der Konzeption der Persönlichkeitsstörungen anpassen müssen (vgl. dazu Fiedler & Herpertz, 2016; Sevecke et al., 2019). So kann mittlerweile Psychopathie auch unter Zuhilfenahme des alternativen Persönlichkeitsmodells nach DSM5 beschrieben werden: negative Affektivität (vs. emotionale Stabilität), Verschlossenheit (vs. Extraversion), Antagonismus (vs. Verträglichkeit), Enthemmtheit (vs. Gewissenhaftigkeit), Psychotizismus (vs. Klarheit). Die in der ICD-11 verwendeten Dimensionen haben bis auf den DSM5-Faktor „Psychotizismus" eine hohe Ähnlichkeit zum DSM5-Ansatz: negative Affektivität, Distanziertheit, Dissozialität, Enthemmung und Anankasmus. In Bezug auf die von Hare als kernpsychopathisch zu bezeichnenden Merkmale muss festgestellt werden (Mokros et al., 2017), dass es diagnostisch wahrscheinlich herausfordernd ist, in der klinischen Diagnostik die Facette 1 der PCL-R mit Hilfe der vorliegenden Standardinstrumente und Verfahren nach DSM5 und/oder ICD-11 valide zu messen: „Sprachliche Gewandtheit/Oberflächlicher Charme", „Übersteigertes Selbstwertgefühl", „Pathologisches Lügen" und „Betrügerisch/Manipulativ". Dafür werden rechtspsychologische Verfahren wie die PCL-R oder das CAPP benötigt, die auf Basis einer ausführlichen Aktenanalyse u. a. die interpersonelle Präsentation von Psychopathen offenlegen können.

Letztendlich haben die unterschiedlichen Ansätze neben zahlreichen inhaltlichen Ähnlichkeiten jedoch auch unterschiedliche Perspektiven und versuchen, Psychopathie auf verschiedenen Abstraktionsebenen (im Sinne einer hierarchischen Struktur übergeordneter Dimensionen/Faktoren) darzustellen. Das Puzzle der psychopathischen Persönlichkeit wurde durch die unterschiedlichen Forschungsgruppen in den letzten Jahren jedoch weitgehend zusammengesetzt und es herrscht trotz aller eher kleinteiligen Wissenschaftsdiskurse ein viel klareres Bild, was einen Psychopathen ausmacht, wie man problematische Persönlichkeitseigenschaften messen kann und wie die Behandlung sowie die Gefährlichkeit einzuschätzen ist, als noch im letzten Jahrtausend.

Dunkle Triade
Im Zusammenhang mit Psychopathie und der Wirtschaftswelt wird oft auch von der dunklen Triade gesprochen (Paulhus et al., 2017). Dunkle Persönlichkeiten sind demnach Menschen, die nicht psychisch krank sind, aber eine kritische Ausprägung in drei Persönlichkeitsdimensionen aufweisen: Psychopathie, Narzissmus und Machiavellismus. Als narzisstisch bezeichnet man Menschen, die ein überhöhtes Selbstbild haben, von der eigenen Grandiosität überzeugt, Ich-bezogen und eitel sind (Kernberg, 2016). Oft teilen andere Menschen dieses Bild nicht, sondern empfinden diese Menschen eher als arrogant und streitsüchtig. Manchmal wird auch noch zwischen den Narzissten unterschieden, die stolz darauf sind, Narzissten zu sein, und den Narzissten, die verletzlich und verbittert sind. Es gibt

Forscher, die vor allem die verletzlichen Narzissten als gefährlich einstufen, da sie in besonderer Weise Wutgefühle bekommen können, aus welchen heraus sie dann Straftaten begehen (Krizan & Johar, 2015). Machiavellismus (Muris et al., 2017) meint einen interpersonellen Stil eines Menschen, der die konventionelle Moral missachtet und alles tut, um seinen eigenen Vorteil zu erreichen. 2013 wurde diskutiert, der dunklen Triade noch den Sadismus hinzuzufügen und von der dunklen Tetrade zu sprechen (Buckels et al., 2013). Für die Anwendung des Konzeptes im deutschsprachigem Raum haben Schwarzinger und Schuler (2016) das TOP für den Arbeits- und Organisationskontext entwickelt, welches aus den Faktoren narzisstische Arbeitshaltung, machiavellistische Arbeitseinstellung und psychopathischer Arbeitsstil besteht.

Wie in den vorangegangenen Abschnitten deutlich geworden sein sollte, handelt es sich bei Psychopathie um ein komplexes Konstrukt, zu dem bis heute noch viel geforscht wird. Für vertiefende Einblicke sei auf die weiterführende Literatur verwiesen.

Literaturempfehlungen

Hare, R. (2005). Gewissenlos. *Die Psychopathen unter uns.* Heidelberg: Springer.

Patrick, C. J. (Ed.). (2018). *Handbook of psychopathy.* New York: Guilford Publications.

The Iceman Tapes – Conversations with a killer: Https://www.youtube.com/watch?v=9DAHM75MKfk&t=2s.

Diagnostik von Psychopathy im Rahmen der Ausbildung Rechtspsychologie (BDP/DGPs) in der 3Sat Dokumentation „Gutachten Mengelhaft" (ab Minute 28:30) https://www.youtube.com/watch?v=6PeSPiKFSKE.

Literatur

Blair, J. R., Meffert, H., Hwang, S., & White, S. F. (2018). Psychopathy and brain function: Insights from neuroimaging research. In C. J. Patrick (Hrsg.). *Handbook of Psychopathy* (S. 401–421). Guilford.

Blair, R. J. R. (2003). Neurobiological basis of psychopathy. *The British Journal of Psychiatry, 182*(1), 5–7. https://doi.org/10.1192/bjp.182.1.5.

Buckels, E. E., Jones, D. N., & Paulhus, D. L. (2013). Behavioral confirmation of everyday sadism. *Psychological Science, 24*(11), 2201–2209. https://doi.org/10.1177%2F0956797613490749.

Cleckley, H. M. (1941). *The mask of sanity* (1. Aufl.). Mosby.

Coid, J., Yang, M., Ullrich, S., Roberts, A., & Hare, R. D. (2009). Prevalence and correlates of psychopathic traits in the household population of Great Britain. *International Journal of Law and Psychiatry, 32,* 65–73. https://doi.org/10.1016/j.ijlp.2009.01.002.

Cooke, D. J., Hart, S. D., Logan, C., & Michie, C. (2012). Explicating the construct of psychopathy: Development and validation of a conceptual model, the comprehensive assessment of psychopathic personality (CAPP). *International Journal of Forensic Mental Health, 11*(4), 242–252.

Cooke, D. J., & Logan, C. (2018). Capturing psychopathic personality: Penetrating the mask of sanity through clinical interview. In C. J. Patrick (Hrsg.), *Handbook of Psychopathy* (S. 189–210). Guilford.

Fallon, J. (2015). *Der Psychopath in mir. Entdeckungsreise eines Neurowissenschaftlers zur dunklen Seite seiner Persönlichkeit.* Langen Mueller Herbig.

Fiedler, P., & Herpertz, S. (2016). *Persönlichkeitsstörungen.* Beltz.

Fiedler, P. (2007). *Persönlichkeitsstörungen.* Beltz.

Grant, B. F., Hasin, D. S., Stinson, F. S., Dawson, D. A., Chous, S. P., Ruan, W. J., & Pickering, R. P. (2004). Prevalence, correlates, and disability of personality disorders in the United States: Results from the national epidemiologic survey on alcohol and related conditions. *Journal of Clinical Psychiatry, 65,* 948–958.

Habermeyer, E., & Mokros, A. (2017). Komorbiditäten – einschließlich Differentialdiagnose Cluster A-B-C (ICD/DSM). In B. Dulz, P. Briken, O. F. Kernberg, & U. Rauchfleisch (Hrsg.), *Handbuch der Antisozialen Persönlichkeitsstörung* (S. 197–207). Schattauer.

Hare, R. (2005). *Gewissenlos. Die Psychopathen unter uns.* Springer.

Hare, R. D. (2003). *Manual for the revised psychopathy checklist.* Multi-Health Systems.

Hare, R. D. (1991). *The hare psychopathy checklist-revised: Manual.* Multi-Health Systes, Incorporated (1991).

Heinzen, H., Bauchowitz, M., Seibert, M., & Huchzermeier, C. (2013). CAPP-IRS – Comprehensive Assessment of Psychopathy Personality. Institutional Rating Scale. In F. von Franque & M. Rettenberger (Hrsg.) *Handbuchkriminalprognostischer Verfahren* (121–134). Hogrefe.

Kernberg, O. (2016). *Hass, Wut, Gewalt und Narzissmus* (2. Aufl.). Kohlhammer.

Köhler, D. ,Boegel, J., Josupeit, J., & Müller, R (eingereicht). Reliability and Validaty of the CAPP-Self Report German Version.

Krizan, Z., & Johar, O. (2015). Narcissistic rage revisited. *Journal of Personality and Social Psychology 108*(5), 784–801. https://psycnet.apa.org/doi/10.1037/0022-3514.83.6.1314.

Lynam, D. R., Gaughan, E. T., Miller, J. D., Miller, D. J., Mullins-Sweatt, S., & Widiger, T. A. (2011). Assessing the basic traits associated with psychopathy: Development and validation of the elemental psychopathy assessment. *Psychological Assessment, 23*(1), 108–124. https://doi.org/10.1037/a0021146.

Lynam, D. R., Miller, J. D., & Derefinko, K. J. (2018). Psychopathy and personality: An artikluation oft he benifits of an trait-based approach. In C. J. Patrick (Hrsg.), *Handbook of Psychopathy* (S. 259–280). Guilford.

Marcus, D. K., John, S. L., & Edens, J. F. (2004). A Taxometric analysis of psychopathic personality. *Journal of Abnormal Psychology, 113*(4), 626–635. https://psycnet.apa.org/doi/10.1037/0021-843X.113.4.626.

Mokros, A., Hollerbach, P., Nitschke, J., & Habermeyer, E. (2017). *Deutsche Version der Hare Psychopathy Checklist-Revised (PCL-R) von R. D. Hare* [German version of the Hare Psychopathy Checklist-Revised (PCL-R) by R. D. Hare]. Hogrefe. https://doi.org/10.1007/s11757-018-0506-z.

Muris, P., Merckelbach, H., Otgaar, H., & Meijer, E. (2017). The malevolent side of human nature: A meta-analysis and critical review of the literature on the Dark Triad (Narcissism, Marchiavellianism and Psychopathy). *Perspectives on Psychological Science, 12* (2), 183–204. https://doi.org/10.1177%2F1745691616666070

Neumann, C. S., & Hare, R. D. (2008). Psychopathic traits in a large community sample: Links to violence, alcohol use, and intelligence. *Journal of Consulting and Clinical Psychology, 76,* 893–899. https://psycnet.apa.org/doi/10.1037/0022-006X.76.5.893.

Patrick, C. J. (Hrsg.). (2018). *Handbook of psychopathy*. Guilford.

Paulhus, D. L., Curtis, S. R., & Jones, D. N. (2017). Aggression as a trait: The dark tetrad alternative. *Current Opinion in Psychology.* https://doi.org/10.1016/j.copsyc.2017.04.007.

Poeppl, T., Donges, M., Rupprecht, R., Fox, P., Laird, A., Bzdok, D., & Eickhoff, S. (2017). Meta-analysis of aberrant brain activity in psychopathy. *European Psychiatry, 41.* https://doi.org/10.1016/j.eurpsy.2017.02.323.

Rush, B. (1812). *Medical inquiries and observations upon the diseases of the mind.* Richardson [wiederaufgelegt (1962). New York: Hafner Press].

Schneider, K. (1923). *Die psychopathischen Persönlichkeiten.* Franz Deutike [2. Wesentlich veränderte Auflage (1928); bis: 9. Auflage (1950). Wien: Deuticke].

Schneider, S., Yoon, D., Mokros, A., Schwarz, M. F., Baster, A., & Koehler, D. (2022, March 28). The Elemental Psychopathy Assessment (EPA): Factor Structure and Construct Validity Across Three German Samples. *Psychological Assessment.* Advance online publication. http://dx.doi.org/10.1037/pas0001126.

Schwarzinger, D., & Schuler, H. (2016).*TOP. Dark triad of personality at work.* Hogrefe.

Sellbom, M., Lilienfeld, S. O., Fowler, K. A., & McCrary, K. L. (2018). The selfr-report assessment of psychopathy: Challenges, pitfalls and promises. In C. J. Patrick (Hrsg.). *Handbook of Psychopathy* (S. 211–258). Guilford.

Sevecke, K., Haid-Stecher, N., Goth, K., Bock, A., & Krischer, M. (2019). Zeit für etwas Neues? Paradigmenwechsel für die Persönlichkeitsstörung im ICD-11, *PTT – Persönlichkeitsstörungen: Theorie und Therapie. Heft, 4,* 299–309.

Stoll, E., Heinzen, H., Köhler, D., & Huchzermeier, C. (2011). *Comprehensive assessement of psychopathic personality (CAPP). Validation of the German version.* Verlag für Polizeiwissenschaft.

Ullrich, S., & Coid, J. (2009). Antisocial pesonality disorder: Co-morbid axis I mental disorders and health service use among a national household population. *Personality and Mental Health, 3,* 151–164. https://doi.org/10.1002/pmh.70

Waldmann, I. D., Rhee, S. H., LoParo, D., & Park, Y. (2018). Genetic and enviromental influences on psychopathy and antosocial behavior. In C. J. Patrick (Hrsg.), *Handbook of Psychopathy* (S. 335–353). Guilford.

Yang, Y., & Raine, A. (2018). The neuroanatomic bases of psychopathy: A review of brain imaging findings. In C. J. Patrick (Hrsg.), *Handbook of Psychopathy* (S. 380–400). Guilford.

Tathergangsanalyse – Auf den Spuren von CSI

5

Interessierte Menschen und Studierende der Psychologie stellen sich manchmal vor, dass sie irgendwann wie in einer ihrer Lieblingsserien mit dem Flugzeug zu dem Ort eines rätselhaften Verbrechens geflogen werden, um dort als Profiler den bislang unbekannten Täter zu schnappen. Sollten Sie zu dieser Gruppe hoffnungsvoller Menschen gehören, dann versuchen wir Ihnen im Folgenden ein etwas „realistischeres" Bild zu geben und Sie dennoch für das Studium der Psychologie sowie für eine Tätigkeit im Bereich der Rechtspsychologie zu begeistern.

Die Crime Scene Analysis wurde Anfang der 1970er Jahre von Mitarbeitern der amerikanischen Bundespolizei (FBI) entwickelt, um die polizeilichen Ermittlungsstrategien zu verbessern (vgl. Müller et al., 2005; Köhler et al., 2007). In Deutschland sind Profiler oder auch Operative Fallanalytiker[1] (OFA) in der Regel keine Psychologen und Psychologinnen, sondern Polizisten und Polizistinnen mit einer Zusatzausbildung, zu der zumeist auch Psychologie gehört. Das Landeskriminalamt Nordrhein-Westfalen bietet beispielsweise auf ihrer Internetpräsenz zahlreiche Informationen über die OFA[2]. Die meisten Psychologen und Psychologinnen, die bei der Polizei arbeiten, sind in der Aus- und Weiterbildung an den Fachhochschulen der Polizei, den Landeskriminalämtern oder in kriminologischen Forschungsstellen tätig. In wenigen Bundesländern (z. B. Bayern) werden sie auch bei Bedrohungslagen wie Geiselnahmen oder drohendem Suizid eingesetzt. Der/die ein oder andere hat vielleicht noch eine Chance, zum Beispiel beim Zollkriminalamt in der Betreuung verdeckter Ermittler oder von Menschen im Zeugenschutzprogramm eine Stelle zu bekommen. Diese Arbeitstätigkeiten sind jedoch äußerst begrenzt und inhaltlich geht es in der Regel nicht um die

---

[1] https://www.bka.de/DE/UnsereAufgaben/Ermittlungsunterstuetzung/OperativeFallanalyse/operativefallanalyse_node.html

[2] https://polizei.nrw/artikel/die-arbeit-der-lka-profiler

© Der/die Autor(en), exklusiv lizenziert an Springer-Verlag GmbH, DE, ein Teil von Springer Nature 2022
J. von Buch et al., *Einführung in die Rechtspsychologie*,
https://doi.org/10.1007/978-3-662-65520-7_5

Ergreifung eines Täters. Die Polizei setzt zudem häufig nicht psychologische Methoden wie z. B. das Geographical Profiling ein, um einen Täter zu ermitteln. Die Grundannahme hierbei ist, dass die meisten Täter Straftaten in relativer Nähe zu ihrem Wohnort begehen (Comfort Zone). Die Wahrscheinlichkeit für kriminelles Verhalten nimmt anscheinend mit zunehmender Distanz zum Wohnort ab (vgl. Harbort & Mokros, 2001; Canter & Larkin, 1993).

Methoden der Profiler: Tathergangsanalyse
Am nächsten an die träumerische Vorstellung von CSI und Co. kommt vielleicht die Durchführung einer Tathergangsanalyse (THA), wenn der Täter bereits ermittelt wurde und eine rechtspsychologische Einschätzung der Schuldfähigkeit oder Gefährlichkeit vorgenommen werden soll. Ausgehend von den Arbeiten des FBI ab den 1970ern (u. a. Ressler et al., 1986, 1988) hat sich im Bereich der Polizei die bereits genannte Operative Fallanalyse in Deutschland entwickelt und professionalisiert. Daneben hat auf dieser Basis die THA Eingang in die Rechtspsychologie gefunden. Bei der THA wird eine strukturierte diagnostische Einschätzung der Tat sowie der Bedingungsfaktoren und dem objektivierbaren Täterverhalten vorgenommen (vgl. Müller et al., 2005; Musolff & Hoffmann, 2006; Köhler, 2014). Man analysiert, wie der Täter sich vor, während und nach der Tat verhalten hat. Dabei versucht man, sich an möglichst objektive Befunde z. B. aus der Rechtsmedizin, der Spurensicherung und den Ergebnissen der Operativen Fallanalyse zu orientieren. Die Angaben der Zeugen wird man in der Regel nicht völlig außer Acht lassen. Es sollte jedoch bedacht werden, dass die Wahrnehmung und Interpretation von Zeugen subjektiv gefärbt sind und nicht unbedingt der Realität entsprechen müssen. Man versucht, sich dabei an aktuellsten wissenschaftlichen Erkenntnissen zu orientieren, anstatt frei zu assoziieren oder auf das Profiler-Bauchgefühl zu achten, wie es manchmal in der ein oder anderen Fernsehserie geschieht. Auch kommen hierbei Checklisten zum Einsatz (vgl. Müller et al., 2005; Müller, 2012).

Folgende Informationen sollten bei der Durchführung einer THA gesammelt werden (Köhler, 2014; in Anlehnung an Osterheider, 2008):

- Planungsgrad des Deliktes
- Täter- und Opferrisiko: Welches Risiko ist der Täter zur Tatbegehung eingegangen?
- Täter-Opfer-Beziehung: Bestand ein Bekanntheitsgrad oder waren sich beide unbekannt?
- Zeit- und Ortsfaktoren: Wie viel Zeit hat der Täter für welche Verhaltensweisen verwendet? Unter welchen situativen Bedingungen?

- Kontakt- und Kontrollaufnahme des Täters: War es ein blitzartiger oder überraschungsartiger Angriff (z. B. mit heftiger Gewaltanwendung) auf das Opfer? Oder hat der Täter bei Kontaktaufnahme zum Opfer einen Sachverhalt vorgetäuscht (z. B. Autopanne), um das Opfer an einen anderen (besseren) Ort zu manipulieren, an dem dann die Kontrollübernahme durch Gewalt begann?
- Personifizierungen: Außergewöhnliche Tathandlungen, die über das zur Tatausführung unbedingt notwendige Verhalten hinausgehen. Damit sind Handlungen gemeint wie z. B. das Abtrennen von Gliedmaßen, das Mitnehmen von Gegenständen vom Tatort (als Souvenir), Spurenverwischen oder Hinweise darauf, dass ein sexuelles Motiv durch nicht sexuelle Verhaltensweisen befriedigt werden sollte.

Die Erkenntnisse, die man aus einer THA gewinnt, spielen sowohl für die Risiko- bzw. Prognoseeinschätzung als auch für eine effektive Straftäterbehandlung eine wichtige Rolle. Die THA erweist sich auch deshalb als äußerst bedeutsam, da es für die weitere Arbeit mit dem Straftäter für einen Psychologen essentiell ist, sich genau mit der Tat beschäftigt bzw. diese genauestens analysiert zu haben. Bestimmte Merkmale der Tatbegehung (etwa Kontaktaufnahme zum Opfer und Kontrolle über das Opfer) hängen mit einem erhöhten Rückfallrisiko zusammen (u. a. Dahle et al., 2010; Lehmann et al., 2012). Auch in der Therapie ist es daher wichtig, sich mit den Tatmerkmalen auseinanderzusetzen (Müller, 2012). Die THA ist allerdings nicht für alle Deliktbereiche geeignet (vgl. Mokros & Alison, 2010). Sie wird hauptsächlich bei Körperverletzung, Sexualdelikten und Tötungsdelikten v. a. mit sexuellen Komponenten oder unklarer Motivlage eingesetzt. Wenn jemand z. B. eine Bank ausraubt und sein Verhalten als rein instrumentell zu bewerten ist, d. h. wenn er lediglich Gewalt anwendet, um an das Geld zu kommen, ist eine THA wenig gewinnbringend. Man kann dann lediglich darauf schließen, dass der Täter sehr geplant und strukturiert vorgeht. Sein Motiv ist aber finanzieller Natur. Spannend ist es jedoch, wenn der Täter zusätzlich das Opfer (die Bankangestellte) auffordert, ihm neben Geld und Wertsachen auch ihren BH zu geben. Diese Handlung ist nicht notwendig für die Tatbegehung bei einem finanziellen Motiv. Daher arbeitet die THA alle Verhaltensweisen heraus, die neben dem instrumentellen Verhalten (Modus Operandi) auf bestimmte andere persönliche Motive hindeuten. Diese Aspekte müssen in der rechtspsychologischen Bewertung hinsichtlich der Schuldfähigkeit und der Gefährlichkeitseinschätzung sowie der psychotherapeutischen Behandlung diskutiert werden (vgl. Köhler, 2014).

Fazit

Somit können wir abschließend feststellen, dass die Herangehensweisen und Methoden aus Fernsehen und Kino teilweise an kriminalistische und rechtspsychologische Forschung und Praxis angelehnt sind, die Realität aber deutlich komplexer ist. Für die rechtspsychologische Arbeit und Anwendung der Methoden benötigt man neben einer fundierten wissenschaftlichen Ausbildung auch diverse spezifische Weiterbildungen. Die Arbeit in diesem Bereich findet weitgehend ohne den cineastischen Glamour statt und ist aufgrund der Analyse von schweren (sexuell-motivierten) Gewaltstraftaten durchaus psychisch sehr beanspruchend. Nichtsdestotrotz kann das durch Medien und Filme entstandene Interesse eine sinnvolle Motivation für das Studium der Psychologie sein. Es muss aber klar sein, dass die rechtspsychologische Arbeit in der Praxis oftmals eine kleinteilige und unspektakuläre Arbeit ist. Aber selbstverständlich ist die Tätigkeit spannend und herausfordernd. Für vertiefende Einblicke sei auf die Literaturempfehlungen verwiesen.

Literaturempfehlungen

Musolff, C., & Hoffmann, J. (2006). *Täterprofile bei Gewaltverbrechen.* Springer.

Osterheider, M. (2008). Tathergangasanalyse in der forensischen Psychiatrie und Psychologie: Entwicklung, Anwendung, Einsatzbereich. *Praxis der Rechtspsychologie, 1,* 6–14.

Rätselhafte Morde – Die Arbeit der Profiler: https://www.youtube.com/watch?v=Fga4_Io1Vq8.

Literatur

Canter, D., & Larkin, P. (1993). The environmental range of serial rapists. *Journal of Environmental Psychology, 13,* 63–69. https://doi.org/10.1016/S0272-4944(05)80215-4.

Dahle, K.-P., Biedermann, J., Gallsch-Nemitz, F., & Janka, C. (2010). Zur rückfallprognostischen Bedeutung des Tatverhaltens bei Sexualdelinquenz. *Forensische Psychiatrie, Psychologie, Kriminologie, 4,* 126–135. https://doi.org/10.1007/s11757-010-0041-z.

Harbort, S., & Mokros, A. (2001). Serial murderers in Germany from 1945 to 1995: A descriptive study. *Homicide Studies, 5*(4), 311–334. https://doi.org/10.1177/1088767901005004005.

Köhler, D. (2014). *Rechtspsychologie.* Kohlhammer.

Köhler, D., Müller, S., Kernbichler, A., van den Boogaart, H., & Hinrichs, G. (2007). Tathergangsanalyse in der forensischen Praxis? *MschKrim, 90*(5), 360–373. https://doi.org/10.1515/mks-2007-900502.

Lehmann, R. J. B., Goodwill, A. M., Gallasch-Nemitz, F., Biedermann, J., & Dahle, K.-P. (2012). Applying crime scene analysis to the prediction of sexual recidivism in stranger rapes. *Law and Human Behavior, o. S.* https://psycnet.apa.org/doi/10.1037/lhb0000015.

Mokros, A., & Alison, L. J. (2010). Is offender profiling possible? Testing the predicted homology of crime scene actions and background characteristics in a sample of rapists. *Legal and Criminological Psychology, 7*(1), 25–43. https://doi.org/10.1348/135532502168360.

Müller, S. (2012). *Mea Culpa? Zur Tatverarbeitung in Therapie und Prognose bei (traumatisierten) Gewalt- und Sexualstraftätern.* Verlag für Polizeiwissenschaften.

Müller, S., Köhler, D., & Hinrichs, G. (2005). *Täterverhalten und Persönlichkeit. Eine empirische Studie zur Anwendbarkeit der Tathergangsanalyse in der Forensischen Psychologie und Psychiatrie.* Verlag für Polizeiwissenschaft.

Musolff, C., & Hoffmann, J. (2006). *Täterprofile bei Gewaltverbrechen.* Springer.

Osterheider, M. (2008). Tathergangsanalyse in der forensischen Psychiatrie und Psychologie: Entwicklung, Anwendung, Einsatzbereich. *Praxis der Rechtspsychologie, 1,* 6–14.

Ressler, R. K., Burgess, A. W., Douglas, J. E., Hartman, C. R., & D'Agostino, R. B. (1986). Sexual killers and their victims. Identifying patterns through crime scene analysis. *Journal of Interpersonal Violence, 3,* 288–308. https://doi.org/10.1177/088626086001003003.

Ressler, R. K., Burgess, A. W., & Douglas, J. E. (1988). *Sexual homicide. Patterns and motives.* Lexington Book.

Kriminalprognose – Einmal Mörder, immer Mörder?

6

Viele Menschen gehen davon aus, dass schwerwiegende Gewalt- und Sexualstraftaten nur von gefährlichen oder gestörten Tätern begangen werden. Bei dieser Schlussfolgerung machen sie in der Vorgehensweise einen weitverbreiteten Fehler: Sie suchen die Ursachen für Verhalten in der Person und lassen dabei die Situation oder die Umwelt außer Acht. Als Ausgangspunkt für die Attribution (Ursachenzuschreibung; Weiner, 2004) dient *eine* herausragende Verhaltensweise: Der Mensch hat eine Straftat begangen. Diese Ursachenzuschreibung ist einerseits nachvollziehbar und auf Basis von Problemlöseprozessen sowie von Alltagserfahrungen verständlich. Andererseits kann es aber auch zu einer fehlerhaften Interpretation und Zukunftsvorhersage führen. Wenn jemand beispielsweise einen Mord begangen hat, ist er dann ab dem Zeitpunkt für sein komplettes weiteres Leben gefährlich? Ist er von da an nur noch ein Mörder oder hat er auch andere, positivere Attribute? Ist jeder Mensch, der einem anderen Menschen Leid zugefügt hat, ein gefährlicher Mensch? Ist das immer und unter allen Umständen so? Vor welchen Personen muss die Gesellschaft geschützt werden und auf welcher Basis müssen freiheitsentziehende Maßnahmen psychologisch, rechtlich und sozial begründet und zeitlich begrenzt werden?

Bevor die eben genannten Aspekte diskutiert werden, wollen wir zunächst der Frage nachgehen, was Gefahr oder Gefährlichkeit eigentlich bedeutet. Eine Gefahr deutet auf eine Situation oder einen Sachverhalt hin, der negative Konsequenzen für Personen, Tiere, die Umwelt oder für Dinge haben kann. Geht die Gefahr von einer Person aus, kann diese als gefährlich eingestuft werden. Bei der Gefährlichkeit handelt es sich jedoch nicht um eine stabile Eigenschaft einer Person. Selbst Straftäter begehen nicht ununterbrochen Straftaten. Das bedeutet wiederum, dass es theoretisch möglich ist, für jedes Individuum Bedingungen oder Situationen zu benennen, unter denen von ihm eine gewisse Gefährlichkeit ausgeht. Menschen, die ihr ganzes Leben ungefährlich waren, können also auch unter bestimmten Umständen gefährlich werden und Straftaten begehen (vgl. Endres & Breuer, 2014; Foerster et al., 2020).

Der Begriff „Gefährlichkeit" klingt eventuell zunächst relativ eindeutig und klar, allerdings ist das psychologische Konstrukt Gefährlichkeit bei näherer Betrachtung sehr komplex und schwer definierbar. Um der Vielschichtigkeit von Gefährlichkeit gerecht zu werden, muss man sich mit dem Zusammenspiel aus der biologischen Veranlagung einer Person, ihrem aktuellen psychischen Zustand und ihrem Umfeld auseinandersetzen. Hier erkennen Sie vielleicht das in Kap. 2 dargestellte biopsychosoziale Modell. Wenn man die verschiedenen Bedingungen und ihr Zusammenspiel analysiert, kann man eine fundierte wissenschaftliche Aussage über die Wahrscheinlichkeit der Gefährlichkeit einer Person unter bestimmten Bedingungen treffen. Die verschiedenen Bedingungen wirken komplex aufeinander ein und beeinflussen einander wechselseitig. Auch können sich immer Veränderungen ergeben, die man nicht vorhersehen konnte (z. B. Tod eines Elternteils, Geburt eines Babys). Man kann daher nur von Wahrscheinlichkeiten ausgehen und keine absoluten Aussagen treffen (vgl. Köhler, 2014).

Gefährlichkeitseinschätzung
Rechtspsychologen und Rechtspsychologinnen sollten die Gefährlichkeit bzw. die „Wahrscheinlichkeit einer erneuten Straffälligkeit" eines Menschen in der Regel nur für einen begrenzten Zeitraum einschätzen (drei, fünf oder zehn Jahre). Es soll fachlich fundiert abgeschätzt werden, wie sich eine Person in Zukunft wahrscheinlich verhalten wird, wobei allen Beteiligten mehr oder weniger klar ist, dass das nur bedingt möglich und jede Prognose fehlerbehaftet ist. Das menschliche Verhalten ist so komplex und die möglichen Einflüsse der Umgebung sind so zahlreich, dass es auch zu Fehleinschätzungen kommen kann, selbst wenn Rechtspsychologinnen ihr Handwerk verstehen und auf der Basis der aktuellen Wissenschaft arbeiten (Boetticher et al., 2019). Zudem ist es statistisch besonders schwierig, seltenes Verhalten vorherzusagen. Im Folgenden werden wir auf diese Thematik vertieft eingehen (vgl. Laves, 1975).

In der kriminalprognostischen Begutachtung muss man als Sachverständige/r Vorhersagen treffen, die lediglich mit einer gewissen Wahrscheinlichkeit angenommen werden. Die Aufgabe ist hoch komplex und naturgemäß wird niemand in jedem Fall richtig liegen können. Das soll falsche oder fehlerhafte Prognosen keinesfalls relativieren oder schönreden, unterstreicht aber einmal mehr die Bedeutung fundierter Fachkenntnisse. Wenn die Arbeit in der Prognosebegutachtung für Sie persönlich eine interessante berufliche Perspektive darstellt, sollten Sie sich darüber im Klaren sein, dass Sie in diesem Job in der Lage sein müssen, mit Unsicherheiten umzugehen. Es gibt Möglichkeiten, eine fundierte Vorhersage zu machen, die mit einer hohen Wahrscheinlichkeit zutreffen wird. Es geht dabei immer darum, besser als der Zufall oder die Laieneinschätzung zu sein. Es gibt jedoch auch immer die Möglichkeit, dass die geringere Wahrscheinlichkeit eintritt, dass es anders kommt, als man dachte. Für die fachlich kompetente Einschätzung der Kriminalprognose gibt es vom Berufsverband Deutscher Psychologinnen und Psychologen (BDP) eine berufsbegleitende Weiterbildung. Zudem sollte sich die Begutachtung an den Mindeststandards orientieren (Kröber et al., 2019). Nur durch diese beiden Punkte lässt sich die fachliche Qualität sichern.

Folgende Paragrafen sind für Rechtspsychologinnen bei der Beantwortung kriminalprognostischer Fragestellungen wichtig (siehe Kury & Obergfell-Fuchs, 2012):

- „§ 57 StGB Aussetzung des Strafrests bei vorzeitiger Entlassung
- §§ 63 und 64 StGB Unterbringung in einem psychiatrischen Krankenhaus/einer Entziehungsanstalt
- § 66 StGB Unterbringung in der Sicherungsverwahrung
- § 67d StGB Dauer der Unterbringung
- § 68 StGB Voraussetzung der Führungsaufsicht" (Köhler, 2014, S. 130)

Prognosebegutachtung im Strafvollzug
Die Rechtspsychologie kann mittlerweile auf eine ca. 100-jährige Forschungsgeschichte im kriminalprognostischen Bereich zurückblicken. Diese fasste Mey (1967) in seinem Handbuch der Forensischen Psychologie zusammen. Dabei arbeitete er insbesondere die bis dahin identifizierten Prognosetafeln und Schemata und bekannten Risiko- und Schutzfaktoren heraus. Verglichen mit den heutigen Befunden lässt sich zunächst einmal festhalten, dass die Kernmerkmale bereits damals bekannt waren. Heute finden sich jedoch einige Präzisierungen u. a. durch differenzierte Forschungsmethoden. In einem Prognosegutachten sollen dabei sowohl das Risikopotenzial als auch die Schutzfaktoren eines Straftäters betrachtet werden. Es soll ein individuelles Erklärungsmodell für die Delinquenz erstellt und überlegt werden, wie das Risiko zukünftig verringert werden kann. Müller und Nedopil (2017, S. 345) haben die Kernfrage definiert als:

„Wer wird wann unter welchen Umständen mit welcher Wahrscheinlichkeit mit welchem Delikt wieder rückfällig und mit welchen Maßnahmen/Interventionen kann man das möglichst verhindern?"

Tab. 6.1 Vier-Felder-Schema der Prognose (vgl. Gretenkord, 2001)

Fachliche Einschätzung	Tatsächlich rückfällig	Nicht rückfällig
Ungünstige Prognose (Rückfall)	Richtige Prognose (true positive)	Falsche Prognose (false positiv)
Günstige Prognose (kein Rückfall)	Falsche Prognose (false negative)	Richtige Prognose (true negative)

Grundsätzlich sind im kriminalprognostischen Begutachtungsprozess der Gefährlichkeit oder der Rückfallwahrscheinlichkeit vier Optionen denkbar, die in Tab. 6.1 aufgeführt sind. Prinzipiell gibt es zwei „richtige Prognosen" und zwei „falsche Prognosen". Man kann in seiner Einschätzung richtig liegen und jemand ist weiterhin gefährlich (true positive; TP). Anschließend wird er dennoch aus der Haft entlassen, da er seine Zeit abgesessen hat, und wird tatsächlich wieder rückfällig. Ebenso kann man richtig liegen und denken, dass jemand nicht mehr gefährlich ist (true negative; TN). Nach einer Entlassung würde sich dann zeigen, dass derjenige tatsächlich nicht erneut straffällig wird. Man kann falsch liegen und denken, dass jemand gefährlich ist, obwohl das nicht stimmt (false positive; FP). Das bedeutet, dass derjenige möglicherweise untergebracht bleibt (z. B. in einer Forensischen Klinik), obwohl er theoretisch nach einer Entlassung kein weiteres Delikt begehen würde. Und man kann falsch liegen und denken, dass jemand nicht mehr gefährlich ist, obwohl das nicht stimmt (false negative; FN). Derjenige wird entlassen und einige Zeit später erneut straffällig. Das „Worst case"-Szenario in der Rechtspsychologie ist der Fall der falsch negativen Prognose. Die Fachleute liegen dabei offensichtlich falsch. Sie gehen von einer positiven Prognose aus und sprechen sich für die Entlassung eines Straftäters aus, dieser wird jedoch nach Haftentlassung rückfällig. Solche Fälle werden von der Presse aufgenommen und heftig medial kritisiert. Vor dem Hintergrund der fachlichen Fehleinschätzung und des körperlichen sowie psychosozialen Schäden für die Opfer muss natürlich fachlich geklärt werden, wie es zu der Fehleinschätzung gekommen ist. Die professionelle und kritische Überprüfung der rechtspsychologischen Einschätzung muss anhand der Qualitätskriterien für Gutachten erfolgen. Dennoch muss abschließend festgehalten werden, dass es aus wissenschaftlicher Sicht auch bei optimaler fachlicher Arbeitsweise zu einer falsch negativen Prognose kommen kann. Es existiert kein Testverfahren, was zu 100 % die Zukunft vorhersagen kann. In der Praxis geht es also um eine Minimierung der Fehlerquote von Prognoseeinschätzungen. Dies kann nur mit Hilfe von fachlichen Weiterbildungen und dem Einhalten von fachwissenschaftlichen Standards funktionieren.

In dem Fall, dass bei einem Untergebrachten fälschlicher Weise eine ungünstige Prognose gestellt wird, ist davon auszugehen, dass diese Person (wenn sie z. B. im Maßregelvollzug untergebracht ist) fälschlicher Weise nicht entlassen wird und überhaupt nicht in Freiheit zeigen kann, dass sie nicht gefährlich ist. Für die Politik oder die Medien sind diese Fälle nicht so bedeutsam und werden entsprechend wenig thematisiert. De facto erlebt aber diese Person einen fachlich ungerechtfertigten Freiheitsentzug, da sie ja eigentlich nicht gefährlich ist (siehe auch Kobbé, 2016).

Aufgrund der Komplexität menschlichen Verhaltens ist es naheliegend, dass eine Prognosebegutachtung nicht ohne Weiteres durchgeführt werden kann. Die Fehler, die während einer Beurteilung auftreten können, sind vielfältig. Wir können aus ökonomischen Gründen folgend nicht auf alle einzeln eingehen. Eine ausführliche Darstellung finden Sie bei Gretenkord (2001). Einige typische Beurteilungsfehler sind:

Vernachlässigung der Basisrate
Bei der Basisrate handelt es sich um die Anzahl an Personen, die tatsächlich wieder rückfällig werden. Diese Zahlen können natürlich nur geschätzt werden und sind u. a. abhängig von Anzeigequote, Aufklärungsquote, Geschlecht und Alter des Täters sowie von seiner psychischen Verfassung. In Tab. 6.2 sind für ausgewählte Straftaten die Basisraten angegeben (Müller & Nedopil, 2017). Prinzipiell gilt, je geringer die Basisrate ist, desto schwerer ist es, eine Prognose vorzunehmen. Befinden sich in einer Vorlesung an einer Universität beispielsweise 100 Studierende, von denen 80 Raucher sind (Basisrate von 80), so hat man bei Person X eine deutlich höhere Trefferwahrscheinlichkeit in der Voraussage, ob Person X sich nach der Vorlesung eine Zigarette anzündet, als wenn die Basisrate für Rauchen nur 1 % beträgt (eine Person von 100 ist Raucher). Seltene Ereignisse lassen sich entsprechend statistisch schwerer vorhersagen als Verhaltensweisen, die öfter vorkommen. Für die Tab. 6.2 gilt dementsprechend, dass es statistisch schwieriger ist, ein seltenes Ereignis wie einen Mord vorherzusagen, als Straßenverkehrsdelikte oder Drogendelikte. Diese Feststellung gilt zunächst unabhängig von der Güte der rechtspsychologischen Methode. Selbstverständlich ist ein sehr gutes Instrument besser als ein schlechtes, aber auch ein gutes Instrument beinhaltet testtheoretische Fehler. Sie sehen: Die ganze Sache ist gar nicht so einfach, wie oft angenommen.

Tab. 6.2 Basisraten für Rückfälligkeit im Zeitraum von 2 bis 6 Jahren (Müller & Nedopil, 2017, S. 349)

Über 50 %	25–50 %	10–25 %	3–10 %	0–3 %
Straßenverkehrsdelikte Drogendelikte Sexualdelikte bei homosexueller Pädophilie	Körperverletzung Eigentumsdelikte Exhibitionismus Sexualdelikte bei Pädophilie	Raub Brandstiftung Vergewaltigung Sexuelle Nötigung	Inzest Gewaltdelikte bei Pädophilie	Mord Totschlag

Wahrnehmungsfehler
Wir Menschen unterliegen verschiedenen Wahrnehmungsfehlern (Aronson et al., 2014). So neigen wir zum Beispiel dazu, den ersten oder den letzten Eindruck intuitiv überzubewerten (Primacy- oder Recency-Effekt). Auch überstrahlt manchmal ein Merkmal einer Person andere Eigenschaften (Halo-Effekt). So kann ein Straftäter äußerst sympathisch im persönlichen Kontakt wirken und man vernachlässigt dadurch geblendet seine unsympathischen Eigenschaften.

Überschätzung des eigenen Urteils
Man überschätzt subjektiv die Sicherheit seines Urteils und seiner positiven Treffer. Trotz verbesserter Gutachtenstandards finden sich manchmal Aussagen in Prognosegutachten wie etwa: *„Auch wenn die eingesetzten Prognoseinstrumente keine Veränderung abbilden, komme ich aufgrund meiner langjährigen Erfahrung zu der Einschätzung, dass sich Herr X. von seinen ehemals dissozialen Werten distanziert hat."* (vgl. auch Wertz & Kury, 2017).

Falsifikationsprinzip
Das Falsifikationsprinzip bei der Überprüfung von Hypothesen wird nicht beachtet (Möller, 2008). Beispielsweise sucht man in den Daten selektiv nach Informationen, die für eine zuvor getroffene Annahme sprechen (Herr X ist ein gefährlicher Straftäter). Widersprechende Informationen werden außer Acht gelassen oder weniger stark gewichtet. Man geht bei dieser Art der Beurteilung entsprechend einseitig vor und bestätigt im Grunde nur das, was man vorher schon vermutet hat (Verifikationsprinzip). Diese Vorgehensweise entspricht nicht den wissenschaftlichen Voraussetzungen und Standards für eine ergebnisoffene Prüfung von Hypothesen.

Verwechslung von Häufigkeit und Wahrscheinlichkeit
Intuitive Prognosen werden davon abgeleitet, wie häufig ein Ereignis stattgefunden hat, und nicht, wie wahrscheinlich es ist (Gretenkord, 2001).
All diese Beurteilungsfehler kommen natürlich nicht nur im rechtspsychologischen Bereich vor. Es sind allgemeine Fehler, die uns allen unterlaufen können, wenn wir uns ein Urteil über jemanden bilden. Neben diesen Beurteilungsfehlern gibt es noch zwei weitere Einflussfaktoren auf die Vorhersage: die Selektionsquote und die Güte des Vorhersageinstruments.

Selektionsquote
Die Definition der Selektionsquote ist etwas schwieriger. Sie ergibt sich aus der Sensitivität und der Spezifität. Je niedriger die Zahl der „falsch negativen" ist, desto höher ist die Sensitivität der Methode. Ein sensitives Testverfahren erkennt also möglichst viele derjenigen Straftäter, die rückfällig werden. Es werden allerdings so auch einige als weiterhin gefährlich eingestuft, die gar nicht mehr gefährlich sind. Je niedriger die Zahl der „falsch positiven" ist, desto höher ist die Spezifität der Methode. Hier werden also möglichst wenige als gefährlich eingestuft, die aktuell nicht mehr gefährlich sind. In der Praxis kann man jedoch die Güte von Prognosen nur eingeschränkt überprüfen, da diejenigen Straftäter mit ungünstiger Prognose (zumindest aus dem Maßregelvollzug, aber sicherlich auch nicht vorzeitig aus dem Strafvollzug) oft nicht entlassen werden und da auch bei Entlassung nicht alle Straftaten bekannt werden (Dunkelfeld). Die Spezifität der Methode wird in der Prognosebegutachtung weniger beachtet. Gefordert wird in der Praxis ein Instrument mit hoher Sensitivität, also ein Instrument, welches auch kleine Risiken erkennt. Unter anderem dürfte dies auch daran liegen, dass die meisten Menschen lieber auf Nummer sicher gehen und es als weniger schlimm beurteilen, wenn jemand inhaftiert bleibt, der nicht mehr gefährlich ist, als wenn eine gefährliche Person entlassen wird. Ein kurzes Gedankenexperiment: Würden Sie dieser Forderung zustimmen? Falls ja, wäre dies auch so, wenn es sich um Ihren Bruder, Vater oder Partner handeln würde, der inhaftiert ist? Wie wäre es, wenn Sie selbst im Gefängnis säßen?

Güte des Vorhersageinstruments
Im Zusammenhang mit der Güte des Vorhersageinstruments wird oft auch von der Trefferquote der Prognosemethode gesprochen. Dabei ist es wichtig, dass die Trefferquote immer deutlich besser ausfällt als der Zufall (50 % Treffer). Wenn die Basisrate niedriger ist als die Trefferquote, haben wir ein Problem. Liegt die Trefferquote beispielsweise bei 75 %, würde das bedeuten, dass wir in 25 % der Fälle falsch liegen. *Statistisch gesehen* hätten wir dann bei einer Basisrate von

20 % ein besseres Ergebnis, wenn wir alle entlassen, und bei einer Basisrate von 80 %, wenn wir alle untergebracht lassen würden (siehe hierzu auch Müller & Nedopil, 2017). Ein wissenschaftlich fundiertes prognostisches Vorgehen ist aber auch bei Delikten mit niedriger Basisrate geeignet, um falsch negative Ergebnisse (also Rückfälle entlassener Täter) zu vermeiden. Gleichzeitig ist aber dann auch die Rate an falsch positiven Ergebnissen hoch (vgl. Dahle & Schneider-Njepel, 2014).

Gute Instrumente zeichnen sich durch die Kriterien: Validität, Reliabilität und Objektivität aus (vgl. Bortz & Schuster, 2010). Ein Instrument hat eine hohe Validität, wenn auch wirklich das gemessen wird, was gemessen werden soll (und nicht fälschlicher Weise etwas anderes erhoben wird). Das wird überprüft, indem z. B. die Ergebnisse mit anderen, ähnlichen Kriterien verglichen werden. Eine hohe Reliabilität bedeutet, dass ein Instrument genau misst. Wenn die Messung wiederholt oder von jemand anderem durchgeführt wird, sollte sie zu einem ähnlichen Ergebnis führen. Das hängt u. a. von der Objektivität ab, also davon, ob die Kriterien für die Durchführung, Interpretation und Auswertung klar beschrieben sind und nicht jeder Testleiter anders vorgehen kann.

Methoden prognostischen Vorgehens
Aktuell werden drei grundsätzliche Methoden des prognostischen Vorgehens prototypisch unterschieden: die intuitive, die klinische und die statistische Methode. Die Definitionen der einzelnen Methoden sind hier durchaus, je nach herangezogener Fachliteratur, unterschiedlich (vgl. Dahle, 2005, S. 39–47; Gretenkord, 2001, S. 19–23; Nedopil, 2005, S. 42; Kury & Obergfell-Fuchs, 2012, S. 188–191). Eine gute und vereinfachte Zusammenfassung der drei Kernmethoden lautet wie folgt (Köhler, 2014):

Intuitive Methode

- Theoretisches Allgemeinwissen
- Subjektive Maßstäbe
- Intuitive Prognosen werden von Personen ohne psychologische oder psychiatrische Ausbildung erstellt
- Allgemeine Erfahrung (nicht auf rechtspsychologischen Grundkompetenzen basierend)
- Nicht an expliziten Regeln orientiert
- Vereinfacht gesprochen: Bauchgefühl

Klinische Methode (idiographisch-einzelfallorientiert)

- Fachspezifisches Wissen und klinische Erfahrung des/r Beurteilers/in
- An Störungsmodellen und Persönlichkeitsmerkmalen orientiert
- Klinische Regelhaftigkeit/Leitlinien
- Regelgeleitete Diagnostik u. a. durch Anamnese (Biografie, psychische Störungen, Persönlichkeit, Krankheiten und Delinquenz) und Testpsychologie
- Diagnostischer Beurteilungsprozess

Statistische Methode (nomothetisch-quantitativ)

- Vollständig regelgeleitet
- Orientiert an vorgegebenen Algorithmen
- An empirischen Untersuchungen orientiert
- Verwendung von statistischen Methoden
- Basiert auf empirischen Studien, die wissenschaftlich fundiert Indikatoren für eine hohe Rückfälligkeit gefunden haben

Anhand der oben genannten Kriterien wird deutlich, dass die intuitive Methode im weitesten Sinne ein laienhaftes Vorgehen darstellt, welches nicht den Ansprüchen an eine wissenschaftlich fundierte Einschätzung der Gefährlichkeit entspricht. Die klinische und die statistische Methode sind deutlich von einer unqualifizierten Arbeitsweise zu unterscheiden. Diese beiden methodischen Verfahren lassen sich in der Praxis jedoch voneinander oftmals nur schwer abgrenzen, da sie miteinander verwoben sind (Dahle, 2010). Die klinische Methode ist im Gegensatz zur intuitiven Methode regelgeleitet. Sie orientiert sich an spezifischen Standards und Algorithmen bzw. Leitlinien und basiert auf der Betrachtung des Einzelfalls unter Berücksichtigung klinisch-psychologischer Modelle. Anhand der einzelfallanalytischen Betrachtung des Straftäters im Entwicklungsverlauf sollte ein Delinquenzmodell entwickelt werden, mit Hilfe dessen ein ganzheitliches Verständnis entwickelt werden kann. Unter Berücksichtigung der individuellen Risiko- und Schutzfaktoren sowie der Zukunftsperspektiven und weiterer Variablen kann eine Ableitung der klinischen Prognose erfolgen. Die Grundlage der statistischen Methode hingegen bilden empirische Studien und Befunde zur Rückfälligkeit von Straftätern. Zum Einsatz kommen in der rechtspsychologischen Begutachtung beispielsweise empirisch fundierte Prognoseinstrumente, anhand derer mittels zur Verfügung stehender Normwerte die Rückfallwahrscheinlichkeit eines Probanden ermittelt wird. Das wiederum erlaubt zwar streng genommen keine Wahrscheinlichkeitsaussagen über den Einzelfall, da in der Regel Gruppen den Bezugspunkt bilden, dennoch können Probanden einer bestimmten Risikogruppe (gering, mittel, hoch) zugeordnet werden. Nicht zuletzt deshalb bietet sich eine praktische Anwendung sowohl der klinischen als auch der statistischen Methode an, die in einer abschließenden Risikobewertung zusammengeführt werden (Dahle, 2010).

Ziele der Gefährlichkeitseinschätzung
Primäres Ziel der Gefährlichkeitseinschätzung ist es, Risiko- und Schutzfaktoren herauszustellen sowie ein individuelles Delinquenzmodell abzuleiten. Dieses Modell sollte schließlich in einer individuellen, auf den Einzelfall zugeschnittenen Einschätzung des Risikos münden. Dabei werden die im Verlauf der Diagnostik gewonnenen Erkenntnisse zueinander in Beziehung gesetzt. Im Rahmen der systematischen Risikoanalyse haben wir es mit einem mehrstufigen psychodiagnostischen Vorgehen zu tun. In einem ersten Schritt sollte hier eine ausführliche Informationsbeschaffung stattfinden, die anschließend einer diagnostischen Einordnung und einer Bewertung bzgl. psychosozialer Gesichtspunkte bedarf. Dies sollte unter Berücksichtigung aller denkbaren und potenziellen Fehlerquellen geschehen. In einem letzten Schritt erfolgt die Einschätzung der Gefährlichkeit und die Beantwortung der Fragestellung des Auftraggebers kann vorgenommen werden. Darüber hinaus sollte herausgestellt werden, ob bestimmte Maßnahmen zu einer Verbesserung der Prognose beitragen könnten (Risikomanagement) oder es aus irgendwelchen Gründen zu einer Verschlechterung der Prognose kommen kann. Anhand der beschriebenen Aspekte für die Beurteilung der Gefährlichkeit finden Sie im Kasten ein Fallbeispiel.

Fallvignette Herr M.
Erinnern Sie sich noch an Herrn M., der seinen Nachbarn erstach, nachdem er von der Affäre mit seiner Frau gehört hatte? In Kapitel 3 können Sie die Informationen zur prädeliktischen Entwicklung und zum Anlassdelikt nachlesen. Vor dem Hintergrund einer verminderten Schuldfähigkeit ist er zu einer Freiheitsstrafe verurteilt worden.

Postdeliktische Entwicklung: In der Haft hat Herr M. sich im Rahmen von psychotherapeutischen Gesprächen mit seiner Straftat intensiv auseinandergesetzt. Die ganze Haftzeit über hat er in der JVA gearbeitet. Es sind keine disziplinarischen Auffälligkeiten aufgetreten. Vielmehr wird Herr M. von allen Seiten als motiviert, diszipliniert, verlässlich und sozial kompetent beschrieben.

> *Sozialer Empfangsraum:* Nach einer Verlegung in den offenen Vollzug soll er in eine berufliche Tätigkeit, die wahrscheinlich unter dem Niveau seiner Abschlüsse liegen wird, integriert werden und anschließend in eine eigene Wohnung in der Nähe seiner Schwester ziehen. Es bestehen gute soziale Kontakte zur Schwester und drei prosozialen Freunden. Für den möglichen Kontakt zu seinen Kindern soll Herr M. eine familientherapeutische Unterstützung erhalten.
> *Prognostische Einschätzung:* Bei dem Tötungsdelikt von Herrn M. handelt es sich um eine kriminelle Tat mit einer sehr geringen Basisrate (unter 1%). Herr M. zeigt eine fast vollständig unauffällige Persönlichkeitsentwicklung. Hinweise auf eine psychische Störung (Persönlichkeitsstörung, Substanzabhängigkeit) finden sich nicht. Er lässt sich mit Hilfe von Prognosechecklisten in keine Hoch-Risikogruppe einordnen. Vielmehr liegen bei ihm (fast) keine Risikofaktoren vor. Hingegen weist er trotz seiner Gewalttat viele protektive Faktoren auf (soziales Umfeld, Berufsabschlüsse, regelmäßige berufliche Tätigkeiten). Seine vollzugliche Entwicklung ist vorbildlich und positiv. Sein sozialer Empfangsraum ist stützend und strukturiert. Nach der Verbüßung einer 15-jährigen Freiheitsstrafe wird eine geringe Wahrscheinlichkeit für zukünftige Gewaltstraftaten festgestellt, vollzugöffnende Maßnahmen werden eingeleitet.

Es ist ersichtlich, dass die Einschätzung der Gefährlichkeit und der Rückfälligkeit ein sehr komplizierter Vorgang ist, der auch gesellschaftliche Aspekte der Güterabwägung beinhaltet. Unter anderem aus diesem Grund sollten entsprechende Beurteilungen nur von Personen mit spezifischen Kenntnissen und postgradualen Weiterbildungen durchgeführt werden.

Literaturempfehlungen

> Müller, J. L., & Nedopil, N. (2017). *Forensische Psychiatrie: Klinik, Begutachtung und Behandlung zwischen Psychiatrie und Recht.* Thieme.
> Jost, K. (2012). *Gefährliche Gewalttäter? Grundlagen und Praxis der Kriminalprognose.* Kohlhammer.
> Dahle, K.-P. & Volbert, R. (2010). *Forensisch-psychologische Diagnostik im Strafverfahren.* Hogrefe.

> Der forensische Psychiater Frank Urbaniok: https://www.youtube.com/watch?v=83iijc2s3zQ
>
> Der Streit um die Sicherungsverwahrung: http://www.youtube.com/watch?v=tzB0F_X7ekc

Literatur

Aronson, E., Wilson, T. D., & Akert, R. M. (2014). *Sozialpsychologie*. Pearson.

Boetticher, A., Koller, M., Böhm, K. M., Brettel, H., Dölling, D., Höffler, K., Müller-Metz, R., Pfister, W., Schneider, U., Schöch, H., & Wolf, T. (2019). Empfehlungen für Prognosegutachten: Rechtliche Rahmenbedingungen für Prognosen im Strafverfahren. *Forensische Psychiatrie, Psychologie, Kriminologie, 13*, 305–333. https://doi.org/10.1007/s11757-019-00557-0

Bortz, J., & Schuster, C. (2010). *Statistik für Human- und Sozialwissenschaftler*. Springer.

Dahle, K.-P. (2005). *Psychologische Kriminalprognose: Wege zu einer integrativen Methodik für die Beurteilung der Rückfallwahrscheinlichkeit bei Strafgefangenen*. Centaurus.

Dahle, K.-P. (2010). Die Begutachtung der Gefährlichkeits- und Kriminalprognose des Rechtsbrechers. In: K.-P. Dahle & R. Volbert (Hrsg.), *Forensisch-psychologische Diagnostik im Strafverfahren*. Hogrefe.

Dahle, K.-P. & Schneider-Njiepel, V. (2014). In T. Bliesener, F. Lösel & G. Köhnken (Hrsg.), *Lehrbuch Rechtspsychologie*. Huber.

Endres, J. & Breuer, M. (2014). Gewaltdelinquenz und Affekttaten. In T. Bliesener, F. Lösel & G. Köhnken (Hrsg.), *Lehrbuch Rechtspsychologie*. Hans-Huber.

Foerster, K., Borg, S. & Venzlaff, U. (2020). Die „tiefgreifende Bewusstseinsstörung" und andere affektive Ausnahmezustände. In H. Dreßing & E. Habermeyer (Hrsg.), *Psychiatrische Begutachtung* (S. 285–295). Elsevier.

Gretenkord, L. (2001). *Empirisch Fundierte Prognosestellung im Maßregelvollzug nach § 63 STGB EFP-63*. Deutscher Psychologen Verlag.

Kobbé, U. (2016). Die ›Falsch-Positiven‹ – Avatare undialektischer Prognosestellung. Zur prekären Diskursethik forensischer Begutachtung. Conferencepaper Präventionstag.

Kröber, H.-L., Brettel, H., Rettenberger, M., Stübner, S. (2019). Empfehlungen für Prognosegutachten. *Neue Zeitschrift für Strafrecht (NStZ), 10*, 574ff.

Kury, H. & Obergfell-Fuchs, J. (2012). *Rechtspsychologie – Forensische Grundlagen und Begutachtung. Ein Lehrbuch für Studium und Praxis*. Kohlhammer.

Köhler, D. (2014). *Rechtspsychologie*. Kohlhammer.

Laves, R. G. (1975). The prediction of „dangerousness" as a criterion for involuntary civil commitment: Constitutional considerations. *The Journal of Psychiatry & Law, 3*(3), 291–326.

Mey, H.-G. (1967). Prognostische Beurteilung des Rechtsbrechers: Die deutsche Forschung. In U. Undeutsch (Hrsg.), *Handbuch der Forensischen Psychologie* (S. 511–566). Hogrefe.

Literatur

Möller, H. J. (2008). Methodik empirischer Forschung. In Psychiatrie und Psychotherapie (S. 345–367). Springer. https://doi.org/10.1007/978-3-540-33129-2_15

Müller, J. L., & Nedopil, N. (2017). *Forensische Psychiatrie: Klinik*. Thieme.

Weiner, B. (2004). Attribution theory revisited: Transforming cultural plurality into theoretical unity. In D. M. McInerney & S. V. Etten (Eds.), *Big theories revisited (Vol. 4, Research on sociocultural influences on motivation and learning)* (S. 13–29). Information Age Publishing.

Wertz, M., & Kury, H. (2017). Verbesserung der Qualität von Prognosegutachten seit der Veröffentlichung von Mindeststandards? Eine empirische Validierung im Zeitverlauf. In J. L. Müller, P. Briken, M. Rösler, M. Müller, D. Turner, & W. Retz (Hrsg.), *EFPPP Jahrbuch 2017 – Empirische Forschung in der Forensischen Psychiatrie, Psychologie und Psychotherapie* (S. 107–123). Berlin.

Jugenddelinquenz – Denn sie wissen nicht, was sie tun

Immer wieder liest man in den Medien von einem Unverständnis darüber, wieso zum Teil grausame Taten von jungen Menschen vergleichsweise leicht bestraft werden. Viele empfinden die Strafen als unangemessen und fordern stattdessen langjährige Haftstrafen. Doch wieso ist es eigentlich so, dass die Richter manchmal anders urteilen, als die Öffentlichkeit es erwarten würde? Im Gegensatz zum Strafrecht fußt der Schwerpunkt des Jugendstrafrechts (Ostendorf & Drenkhahn, 2020) auf dem Erziehungsgedanken. Bei der Anwendung des Jugendgerichtsgesetzes (JGG; Eisenberg, 2018) geht es entsprechend nicht um die Bestrafung des Täters, sondern um die erzieherische Beeinflussung. Ausgehend von diesem Grundsatz steht dem Jugendgericht ein im JGG festgelegtes abgestuftes Instrumentarium zur Verfügung, mit dem der Täter positiv beeinflusst werden soll. In enger Abstimmung mit der Jugendgerichtshilfe soll einer weiteren delinquenten Entwicklung entgegengewirkt werden.

Jugendliche Täter – 14–18 Jahre
Das deutsche Strafrecht geht davon aus, dass Kinder unter 14 Jahren nicht schuldfähig sind (§ 19 StGB). Begeht ein Kind unter 14 Jahren eine Straftat, greift das 8. Sozialgesetzbuch (Kinder- und Jugendhilfegesetz) und es kann eine gezielte Hilfe und Förderung für das Kind eingesetzt werden. Die Altersgrenzen sind dabei keineswegs eindeutig. In verschiedenen Ländern gibt es dazu unterschiedliche Auffassungen. Beispielsweise liegt das Alter der Strafmündigkeit in Großbritannien und der Schweiz bei 10 Jahren, in Belgien bei 18 Jahren, in Polen bei 17 Jahren und in Deutschland, Italien und Österreich bei 14 Jahren. Ist ein Täter bei Begehung einer Straftat zwischen 14 und 18 Jahren, hat das Gericht festzustellen, ob er strafrechtlich verantwortlich ist. Das bedeutet, es muss geprüft werden, ob ein Jugendlicher zur Tatzeit reif genug war (sittlich und geistig), das Unrecht der Tat einzusehen und danach zu handeln (§ 3 JGG). Man räumt hier nach dem

Prinzip „in dubio pro reo" (im Zweifel für den Angeklagten) die Möglichkeit ein, dass jemand noch nachreifen kann und sich nicht zwangsläufig weiter kriminell verhalten wird. Die geistige Reife wird in der Regel über Intelligenz- und Entwicklungstests (und ergänzend über Verhaltensbeobachtungen und Fremdbefunde) geprüft. Das Konzept der sittlichen Reife hingegen ist etwas schwieriger. Prinzipiell geht es darum, ob jemand ein ethisches Wertesystem ausgebildet hat, so dass er die Gesetze verstehen und danach handeln kann. Bei der Beurteilung spielen die Exploration, die Aktenanalyse, der psychische Eindruck und diagnostische Instrumente eine Rolle (Schütze & Schmitz, 2003). Vielfach wird sich an das Modell der Moralentwicklung von Kohlberg (1976) angelehnt, wobei dies empirisch nicht gesichert ist (Barnikol, 2012). Gewinnbringend erscheint das Modell von Rest et al. (1999):

1. Beeinflusst das eigene Verhalten das Wohlergehen anderer? (Empathie)
2. Welches ist in der Situation das moralisch richtige Verhalten? (Moralisches Urteilsvermögen)
3. Will man das moralisch Richtige tun oder sind einem andere Verhaltensweisen wichtiger? (Entscheidung)
4. Ausführung des Verhaltens (Willensstärke und Selbstkontrolle)

Es ist also möglich, dass jemand grundsätzlich versteht und anerkennt, dass z. B. Diebstahl und Körperverletzung moralisch verwerflich sind, sich aber in einer spezifischen Situation trotzdem entgegengesetzt verhält. Die Frage wäre dann, ob er in der Lage gewesen wäre, sich auch anders zu verhalten (vgl. Köhler, 2014). Eine Schwierigkeit ist auch hier, dass all dies zum Tatzeitpunkt beurteilt werden soll und es inzwischen zu Lern- und Reifungsprozessen gekommen sein kann. In Deutschland wird die strafrechtliche Verantwortlichkeit in der Regel bejaht. Untersuchungen zeigen beispielsweise, dass bereits 4–5-jährige Kinder in der Regel wissen, dass Diebstahl moralisch falsch ist (Nunner-Winkler, 2007), und Grundschulkinder verstehen, dass Sachbeschädigung und Körperverletzung Unrecht sind (Hommers, 2014). Die Befundlage ist in diesem Bereich allerdings insgesamt eher gering. Ist jemand jedoch beispielsweise über eine lange Zeit sozial isoliert (Rasch, 1986) oder erlebte einen erheblichen psychischen Gruppendruck unter emotionaler Abhängigkeit und Infragestellen des Selbstwertgefühls (Lempp, 1983), so wird gelegentlich auch die strafrechtliche Verantwortlichkeit verneint. Ebenfalls kann dies der Fall sein, wenn eine Jugendliche ihr Kind tötet (Wille & Beier, 1994).

Nachdem der theoretische Hintergrund und die Vorgehensweise bei der Beurteilung skizziert wurden, soll im Folgenden ein Beispiel die Theorie veranschaulichen.

Fallvignette Anton
Der 15-jährige Anton wuchs in einer größeren Stadt zunächst bei seiner Mutter auf. Diese hatte drei weitere Kinder von zwei verschiedenen Männern. Seit der Geburt ihres ersten Kindes war die Mutter Hausfrau und alleine für die Kinder zuständig, da sich die Väter von ihr immer kurz nach der Geburt der Kinder getrennt haben. Mittlerweile lebt die Mutter mit ihrem aktuellen Partner und ihren Kindern zusammen. Der Lebenspartner ist in die Erziehung der Kinder kaum einbezogen. Die Mutter ist seit Jahren stark psychisch belastet und befindet sich in ambulanter Psychotherapie. In der Vergangenheit war sie auch für einige Monate in stationärer psychiatrischer Behandlung. Seit dem 12. Lebensjahr lebt Anton bei seiner Tante und seinem Onkel, die auch mittlerweile das Sorgerecht haben. Anton zeigt seit dem Kindergartenalter Verhaltensauffälligkeiten. Zudem konnte er sich schon immer schlecht konzentrieren, war motorisch sehr aktiv und impulsiv. Es fiel ihm ab dem Kindergartenalter schwer, sich an Regeln zu halten, und er geriet ständig in aggressive Auseinandersetzungen mit anderen Kindern. Diese Verhaltensweisen verschlimmerten sich während der Grundschulzeit. Er fiel bereits ab der 4. Klasse durch viele unentschuldigte Fehlzeiten auf. Anton arbeitete im Unterricht nicht mit. Insgesamt lebte er nach dem „Lustprinzip". Immer wenn Anforderungen an ihn gerichtet wurden oder er sich an Regeln halten musste, wurde er aggressiv oder entfernte sich einfach aus dem Geschehen. Hilfen zur Erziehung lehnte die Mutter ab. Ab dem 11. Lebensjahr rauchte er Zigaretten, konsumierte Cannabis und beging erste Straftaten (Diebstahl, Körperverletzung, Einbruch und räuberische Erpressung). Durch ambulante Kontakte zur Kinder- und Jugendpsychiatrie wurde ein IQ von 85 festgestellt und die Diagnose Hyperkinetische Störung des Sozialverhaltens gestellt. Da Anton unter 14 Jahren rechtlich als Kind galt, konnten die delinquenten Verhaltensweisen strafrechtlich nicht verfolgt werden. Bei einer Ansprache durch die Polizei sagte Anton, dass die Polizei ihm gar nichts könne, da er unter 14 Jahren sei, und wenn er erst 14 Jahre alt sei, dann würde er keine Straftaten mehr begehen. Einige Wochen nach seinem 14. Geburtstag bedrohte er entgegen seiner früheren Aussage ein 12-jähriges Kind und schlug ihm mit

> der Faust in den Magen. Anschließend musste ihm das Opfer sein Handy und 30 € geben. Anton bedrohte das Opfer weiter, indem er ihm sagte, dass das Opfer richtig Ärger bekäme, wenn es die Polizei rufen und ihn anzeigen würde. Anton wisse, wo das Opfer wohne. Danach lief Anton weg und traf an einer Straßenbahn auf Polizeibeamte in Zivilkleidung, die ihn durch zuvor erfolgte Gefährderansprachen kannten. Als Anton die Polizisten sah, lief er nach Augenkontakt mit den Beamten sofort weg und stieg in die Bahn ein. Eine Station weiter wurde er von der Polizei aufgegriffen und verhaftet. Später beleidigte er die Polizeibeamten als „schwule Hurensöhne".

Bei der rechtspsychologischen Beurteilung des § 3 JGG ist zunächst zu beachten, dass es bei diesem Paragrafen nicht um eine psychopathologische Beurteilung geht. Aus diesem Grund muss die Diagnose einer hyperkinetischen Störung unter dem § 20, 21 StGB (vgl. Kap. 3) diskutiert werden. Hinsichtlich des § 3 JGG geht es um die allgemeine Entwicklung und damit um „normalpsychische" Aspekte, bei dessen Beurteilung im Grunde genommen primär keine psychopathologischen Aspekte eingehen. Selbstverständlich vollzieht sich die kindliche Entwicklung unter dynamischen und komplexen Wechselbeziehungen. Das bedeutet jedoch, dass man in der Beurteilungspraxis auf einer analytisch-theoretischen Ebene die relevanten Beurteilungsdimensionen trennen muss. Nach dem § 3 JGG wäre bei Anton die „geistige Reife" zu bejahen. Obwohl seine intellektuelle Kapazität zwar im knapp durchschnittlichen Bereich anzusiedeln ist, können aus der Entwicklungsgeschichte keine erheblichen Entwicklungsdefizite oder -verzögerungen festgestellt werden. Zudem erfordern die ihm vorgeworfenen Straftaten keine besonderen kognitiven Fähigkeiten, um zu verstehen, dass sie verboten sind. Bereits ca. sechsjährige Kinder wissen, dass Körperverletzung und Diebstahl falsch und sozial nicht erlaubt sind. Bei Anton sind keine erheblichen Entwicklungsverzögerungen festzustellen, die darauf hindeuten, dass er auf dem intellektuellen Niveau signifikant eingeschränkt ist. Ähnliches gilt für die „sittliche Entwicklung". Zwar ist Anton hinsichtlich der moralischen Entwicklung stark an der Befriedigung seiner eigenen Bedürfnisse orientiert, aber durch seine Aussagen bei der Polizei zeigt er, dass er grundsätzlich verstanden hat, was Strafmündigkeit ist. Durch das Weglaufen vom Tatort sowie durch die Bedrohung des Opfers hat er bereits bei der Tatbegehung gezeigt, dass er auf der moralischen Ebene verstanden hat, dass sein Verhalten sozial nicht akzeptiert ist und für ihn zu Konsequenzen führen kann. Aus rechtspsychologischer Sicht ist daher mit hoher Wahrscheinlichkeit davon auszugehen, dass Anton zum Tatzeitpunkt von der „geistigen und sittlichen Reife" in der Lage war, das Unrecht seiner Tat zu verstehen und sich prinzipiell nach dieser Einsicht zu verhalten. Selbstverständlich hat er das nicht gemacht, aber eben nicht, weil er insgesamt entwicklungsverzögert war, sondern weil er wahrscheinlich vor dem Hintergrund einer dissozialen Entwicklung gelernt hat, mit der Straftat einen eigenen Vorteil zu erreichen. Ob die festgestellte hyperkinetische Störung zu einer Schuldunfähigkeit oder verminderten Schuldfähigkeit zum Tatzeitpunkt geführt hat, muss durch das Gericht mit Hilfe einer zusätzlichen Frage an den/die Sachverständige/n geklärt werden.

Heranwachsende Täter – 18 bis 21 Jahre
Ist ein Täter zwischen 18 und 21 Jahre alt, hat das Gericht zu entscheiden, ob allgemeines Strafrecht oder Jugendstrafrecht angewendet werden soll. Das Gericht muss dabei feststellen, wie reif der Heranwachsende ist (§ 105 JGG) und ob bei dem Täter noch „in größerem Umfang Entwicklungskräfte wirksam sind" oder die Entwicklung bereits abgeschlossen ist (BGH St 36, 37). Die Besonderheiten des Jugendstrafrechts ggü. dem allgemeinen Strafrecht sind, dass es sich am erzieherischen Bedarf und damit stärker an den spezifischen Bedürfnissen des Täters orientiert (Dahle & Volbert, 2010). Es gibt mehr Möglichkeiten, auf eine Tat zu reagieren, und die schädlichen Folgen einer Strafverfolgung wie z. B. die Stigmatisierung als kriminell werden minimiert (wir sprachen in Kap. 2 bereits vom Labelling). Im Klartext heißt das, wenn die Chance besteht, dass man einen jungen Menschen noch erreichen und ihn in eine andere Richtung lenken kann, dann sollte man diese Chance auch nutzen. Erkenntnisse aus den Neurowissenschaften legen nahe, dass die Hirnentwicklung deutlich komplexer ist als zuvor angenommen und bis zum Beginn der dritten Lebensdekade anhält (vgl. Konrad et al., 2013). Junge Menschen verfügen in der Regel auch nach dem 21. Lebensjahr noch über beachtliche Entwicklungsressourcen (Röpcke et al., 2020). Bei Heranwachsenden findet sich ein Ungleichgewicht zwischen dem früher reifen limbischen System, dem Belohnungssystem auf der einen und einem noch nicht voll ausgereiften präfrontalen Kortex, welcher u. a. die Fähigkeit zur Planung, zur Handlungskontrolle und zur Risikoabwägung von Entscheidungen beeinflusst, auf der anderen Seite (Konrad et al., 2013). Dieses Ungleichgewicht ist möglicherweise die neuronale Basis des risikoreicheren Verhaltens von Jugendlichen. Zudem hat sich gezeigt, dass bei Jugendlichen in emotionalen Situationen Belohnung und Emotionen Handlungen stärker beeinflussen als rationale Entscheidungsprozesse. Jugendliche sind besonders sensitiv

für sozial-affektive Reize und können sich flexibel an ihre Umgebung anpassen, was optimal für die Bewältigung der Entwicklungsaufgaben in dieser Phase ist, die Jugendlichen aber zugleich auch anfällig für etwaige negative Einflüsse macht.

Für die Beurteilung der sittlichen und geistigen Reife eines Heranwachsenden wurden in den 1950er des letzten Jahrtausends die sogenannten Marburger Richtlinien (Anonymus, 1955) entwickelt. Diese lieferten damals wichtige Anhaltspunkte für eine weitere inhaltliche Diskussion des Sachverhaltes. Eine Aktualisierung der Kriterien wurde in den 1990er Jahren durch Esser (Esser et al., 1991) vorgenommen. Weiterhin wurden die Kriterien rein phänomenologisch bzw. klinisch-intuitiv entwickelt und beschrieben; eine klare Zuordnung oder ein Abgleich zu Entwicklungstheorien wurde nicht vorgenommen. Viele der Kriterien sind zudem weiterhin wertend und der heutigen Zeit nicht angepasst (von Buch & Köhler, 2019). Auch reicht der Blick auf die Persönlichkeit des Heranwachsenden im Allgemeinen für eine Beurteilung nach § 105 JGG nicht aus. Es müssen auch die Kontextfaktoren und die Motive für die Tat berücksichtigt werden (Hinrichs & Köhler, 2014). 2003 wurden die Kriterien anhand von Expertenbefragungen (Juristen, Psychologen und Mediziner) analysiert (Busch, 2006; Busch & Scholz, 2003). Ziel war es, einen hinreichenden Konsens in Bezug auf jugend- und erwachsenentypische Aspekte herzustellen. Die Ergebnisse zeigten zum Beispiel, dass ein eigener Hausstand, Verantwortungsübernahme in einer Partnerschaft und das Abwägen von Handlungsfolgen als reif angesehen wurde. Die Orientierung an Gruppennormen, das Auflehnen gegen relevante Bezugspersonen und eine starke Experimentierfreude, z. B. mit Drogen, wurden als unreif eingeschätzt. Zudem wurde die fehlende Vermittlung von Werten und Normen durch die Umwelt bei unreifen Heranwachsenden herausgestellt. Dahle und Volbert (2010) wiesen zusätzlich darauf hin, dass bei der rechtspsychologischen Diagnostik in diesem Kontext berücksichtigt werden muss, ob bei dem Angeklagten noch ein Entwicklungspotenzial vorliegt. Sollte es sich hingegen um eine grundlegende Fehlentwicklung ohne hinreichend wahrscheinliche Entwicklungsmöglichkeiten handeln, dann müsste ein Heranwachsender ggf. als Erwachsener behandelt werden. Dahinter steht der Grundgedanke, dass Erwachsene im Vergleich zu Jugendlichen deutlich gefestigter in der Persönlichkeit und mit Hilfe erzieherischer oder pädagogischer Maßnahmen des Jugendgerichtes nicht mehr gut erreichbar sind. Die rechtspsychologische Beantwortung der Fragestellung des § 105 JGG ist eine komplexe und anspruchsvolle Aufgabe. Von Buch und Köhler (2019) haben die bislang vorhandenen Kriterienlisten kritisch analysiert, erweitert und aktualisiert. In Tab. 7.1 finden Sie eine Übersicht der bedeutsamsten Aspekte, wobei hier lediglich ein verkürzter Einblick gegeben wird. Die vollständige Tabelle finden Sie in der Originalliteratur.

Oft erscheint uns als Erwachsene das Verhalten von Jugendlichen unverständlich. Dazu ein Gedankenexperiment: Denken Sie einmal daran zurück, wie Sie sich mit 18 Jahren gefühlt haben. Wie hat es sich angefühlt, auf eine Party zu gehen, auf der Sie niemanden kannten? Wie war es, wenn jemand Sie ausgelacht hat und behauptet hat, Sie seien langweilig oder feige? Wie sind Sie damit klargekommen, wenn Ihr Partner/Ihre Partnerin sich in jemand anderen verliebt hat? Wie haben Sie sich gefühlt, als Ihre Eltern Sie kritisiert haben? Konnten Sie Ihre Gefühle genauso gut kontrollieren wie heute? Konnten Sie die Folgen Ihrer Handlungen ebenso gut abschätzen? Und bedenken Sie, dass Sie, wenn Sie dieses Buch lesen, aller Wahrscheinlichkeit nach in geordneteren Verhältnissen aufgewachsen sind als die meisten Straftäter. Wie, glauben Sie, fühlt sich ein 18-Jähriger, der in einem Hochhaus in einem sozialen Brennpunkt wohnt, immer zu wenig Geld hat, der seinen Vater kaum kannte, dessen Stiefvater ihn ablehnt und vor seinen Augen die Mutter schlägt und dem die Lehrer sagen, dass aus ihm eh nichts wird? Sollte ein solcher Jugendlicher genauso bestraft werden, wie jemand, der erwachsen ist, sich seiner Handlungen bewusst ist und Alternativen gehabt hätte, sich anders zu verhalten? Hat jemand mit 18 Jahren noch Potenzial, sich zu verändern? Letztlich ist immer die Frage, was mit einer Strafe bewirkt werden soll. Es kann nicht darum gehen, dass wir Vergeltung wollen, damit wir uns selbst besser fühlen. Der Täter muss so beeinflusst werden, dass er möglichst nie wieder eine ähnliche Tat begeht. Es ist fraglich, ob man das mit einer Gefängnisstrafe erreicht. Gibt es vielleicht bessere Mittel? Das Jugendgericht versucht, durch erzieherische Maßnahmen eine positive Veränderung bei den jungen Menschen zu erreichen. Diese Fragen und Gedanken können wir nicht abschließend klären. Es sollte aber deutlich werden, dass bei rechtspsychologischen Themen und Praxisfeldern häufig ein Spannungsfeld zwischen den Bedürfnissen und Aufgaben der Gesellschaft, der Täter und der Justiz besteht. Selbstverständlich muss es auch um Opferschutz und Sicherheit der Gesellschaft gehen. Bei dem § 105 JGG muss das Gericht, unter Zuhilfenahme der Jugendgerichtshilfe/Jugendhilfe im Strafverfahren und ggf. Sachverständigen, eine Entscheidung darüber treffen, ob der Angeklagte in seiner Entwicklung einem Jugendlichen oder einem Erwachsenen gleichzustellen ist. Das ist eine sehr herausfordernde und schwierige Entscheidung, die das Gericht im Urteil auch begründen muss. So einfach, wie es in der Presse manchmal dargestellt wird, ist es keineswegs.

Tab. 7.1 Diagnostischer Prozess nach von Buch und Köhler (2019; verkürzte Darstellung). Mit freundlicher Genehmigung der Nomos Verlagsgesellschaft mbH & Co. KG)

Kognitive Fähigkeiten	• Deutschkenntnisse • Entwicklungsstörungen wie Legasthenie, Dyskalkulie, motorische Entwicklung • Aufmerksamkeit, Gedächtnis und Intelligenz
Autonomie	• Eigenes Einkommen und eigener Hausstand • Strukturiert selbst seinen Tagesablauf und trifft eigene Entscheidungen unabhängig von anderen (Zeitpunkt des Aufstehens, Nach-Hause-Kommens, Kleidung) • Kommt mit Alltagssituationen zurecht (geht z. B. alleine einkaufen und zum Arzt)
Qualifikation und Ziele	• Hat einen Schulabschluss bzw. strebt diesen konkret an oder geht nicht zur Schule oder wurde mehrfach aus einer Schule oder einer Einrichtung ausgeschlossen • Hat eine realistische Vorstellung über berufliche Ziele
Problem- und Konfliktmanagement	• Verfügt über angemessene Copingstrategien bei Konflikten oder zeigt aggressives Trotzverhalten oder starke Hilflosigkeit in Konflikten
Werte und Normen	• Hat ein eigenes Wertesystem, wonach er handelt, oder orientiert sich stark an anderen • Hat eine Meinung zu politischen und sozialen Fragen
Partnerschaft	• Hat eine Partnerschaft und zeigt dabei ein gewisses Commitment • Wenn nein: War er bislang in der Lage, langfristige Partnerschaften einzugehen?
Soziale Gruppe	• Hat etwa gleichaltrige Freunde, ist in eine soziale Gruppe eingebunden oder ist sozial isoliert oder orientiert sich stark an einer Gruppe • Zeigt wiederkehrende Probleme mit Gleichaltrigen (z. B. Mobbing, Dissozialität)?
Emotionalität und Impulsivität	• Ist in der Lage, seine Emotionen zumindest teilweise zu kontrollieren • Zeigt eine Bereitschaft zu spontanen Gruppenaktionen, abenteuerlichem Handeln oder starker Experimentierfreude z. B. mit Drogen, ohne die Konsequenzen zu bedenken

(Fortsetzung)

Tab. 7.1 (Fortsetzung)

Kognitive Fähigkeiten	• Deutschkenntnisse • Entwicklungsstörungen wie Legasthenie, Dyskalkulie, motorische Entwicklung • Aufmerksamkeit, Gedächtnis und Intelligenz
Kommunikation und Reflexivität	• Ist in der Lage, seine Sprache den Umgebungsbedingungen anzupassen oder spricht beispielsweise auch in der Begutachtungssituation im Straßenslang • Ist in der Lage, eigene Anteile zu erkennen bzw. macht sich Gedanken über seine zukünftige Entwicklung
Medien	• Zeigt einen bewussten Umgang mit den sozialen Medien, ist sich über die Gefahren bezüglich der Herausgabe persönlicher Informationen im sozialen Netz bewusst oder nutzt die sozialen Netzwerke exzessiv, ohne darüber nachzudenken
Umwelt	• Hat das Elternhaus sich um ihn gekümmert oder wurde er vernachlässigt? • Hat er bereits verschiedene Einrichtungen durchlaufen und ist aus diesen herausgefallen oder wurde bislang noch wenig versucht?
Psychopathologie	• Hier v. a. Anhaltspunkte für eine hyperkinetische Störung, psychotische Symptome, Suchterkrankungen, eine sich abzeichnende Persönlichkeitsstörung oder eine tiefgreifende Entwicklungsstörung
Delinquenzentwicklung	• Wann beging er die erste Straftat? Worum handelte es sich? Wie entwickelte sich die Delinquenz weiter? Gab es deliktfreie Phasen? Wenn ja, warum? • Wurden verschiedene Deliktbereiche abgedeckt? Geschah die Delinquenz aus eigenem Antrieb oder aus Gruppenaktivitäten heraus? • Wie denkt er heute über die Taten?

Entwicklung bis zur Tat und Lebenssituation zum Zeitpunkt der Tat: Mikro- und Makroanalyse (Aufstellen einer Entwicklungstheorie für die Persönlichkeit und die Delinquenz) sowie Einschätzung des psychosozialen Funktionsniveaus

(Fortsetzung)

Tab. 7.1 (Fortsetzung)

Kognitive Fähigkeiten	• Deutschkenntnisse • Entwicklungsstörungen wie Legasthenie, Dyskalkulie, motorische Entwicklung • Aufmerksamkeit, Gedächtnis und Intelligenz
Tathergang	• Konflikthafte Zuspitzung, Vorbereitung der Tat, Alkohol- oder Drogenintoxikation, Opfer fremd oder bekannt, Entdeckungsrisiko hoch oder niedrig, Gebrauch von Waffen, zeitlicher Verlauf der Tat, Motiv, Nachtatverhalten • Einstellung für die Zukunft: Will er zukünftig Delinquenz vermeiden? Wenn ja, wie? Ist eine Verhaltensänderung realistisch?
Gesamtwürdigung der Persönlichkeit des Beschuldigten und der Tat: Gibt es Anzeichen für eine Jugendtümlichkeit?	
Prägbarkeit	• Sind bereits alle möglichen Umwelten getestet? • Ist der Beschuldigte z. B. bereits aus verschiedenen Einrichtungen herausgefallen, hat Auflagen nicht eingehalten o.ä.?
Geeignete Maßnahmen	• Unter welchen Bedingungen wäre eine positive Entwicklung denkbar? Was kann konkret veranlasst werden, um eine Nachreifung zu erreichen?

Literaturempfehlungen

Beelmann, A. & Raabe, T. (2007). *Dissoziales Verhalten bei Kindern und Jugendlichen. Erscheinungsformen, Entwicklung, Prävention und Intervention.* Hogrefe.

Dahle, K.-P., & Volbert, R. (Hrsg.) (2005). *Entwicklungspsychologische Aspekte der Rechtspsychologie.* Hogrefe.

Hommers, W. (2014). Strafrechtliche Verantwortungsreife. In T. Bliesener, F. Lösel & G. Köhnken (Hrsg.), *Lehrbuch der Rechtspsychologie* (S. 369-390). Huber.

Junge Intensivtäter – Jugendliche am Rand der Gesellschaft: https://www.youtube.com/watch?v=iRYSRz7_NeE

> Begutachtung Jugendlicher in der 3Sat Dokumentation „Gutachten Mengelhaft" (ab Minute 24:20): https://www.youtube.com/watch?v=6PeSPi KFSKE

Literatur

Anonymus. (1955). Marburger Richtlinien. *Monatsschrift für Kriminologie, 38*, 58–62.

Barnikol, K. M. C. (2012). *Unterstellt statt überprüft? Das richterliche Vorgehen bei der Verantwortlichkeitsbeurteilung nach § 3 JGG*. Kovac.

Busch, T. (2006). *Rechtspsychologische Begutachtung delinquenter Heranwachsender*. Logos.

Busch, Th. P., & Scholz, O. B. (2003). Neuere Forschung zum § 105 JGG: Die Bonner Delphi-Studie – Ein Zwischenbericht. *Monatsschrift für Kriminologie & Strafrechtsreform, 86*(6), 421–432. https://doi.org/10.1515/mks-2003-0059

Dahle, K. P. (Ed.). (2005). *Entwicklungspsychologische Aspekte der Rechtspsychologie*. Göttingen: Hogrefe.

Dahle, K. P., & Volbert, R. (2010). Die Begutachtung der Schuldfähigkeit, strafrechtlichen Verantwortlichkeit und Entwicklungsreife. *Forensisch-psychologische Diagnostik im Strafverfahren*. Göttingen: Hogrefe.

Eisenberg, U. (2018). *Jugendgerichtsgesetz*. Beck.

Esser, G., Fritz, A., & Schmidt, M. H. (1991). Die Beurteilung der sittlichen Reife heranwachsender im Sinne des § 105 JGG – Versuch einer Operationalisierung. *Monatsschrift für Kriminologie und Strafrechtsreform, 6*(74), 356–368.

Hinrichs, G. & Köhler, D. (2014). Die entwicklungsabhängigen Fragestellungen nach dem Jugendgerichtsgesetz. *Praxis der Rechtspsychologie, 1*, 7–23.

Hommers, W. (2014). Strafrechtliche Verantwortungsreife. In T. Bliesener, F. Lösel & G. Köhnken (Hrsg.), *Lehrbuch der Rechtspsychologie* (S. 369–390). Huber.

Köhler, D. (2014). Forensische Begutachtung von Kindern und Jugendlichen. In W. Melzer, Wolfgang, D. Hermann, U. Sandfuchs, M. Schäfer, Mechthild, W. Schubarth & P. Daschner (Hrsg.), *Handbuch Aggression, Gewalt und Kriminalität bei Kindern und Jugendlichen* (S. 554–558). Klinkhardt.

Kohlberg, L. (1976). Moral stages and moralization: The cognitive-developmental approach. In Lickona, T. (Hrsg), *Moral development and behavior: Theory, research and social issues* (S. 31–53). Holt, Rinehart & Winston.

Konrad, K., Firk, C., Uhlhaas, P.J. (2013). Brain development during adolescence: Neuroscientific insights into this developmental period. *Deutsches Ärzteblatt Int., 110*(25), 425–431. https://dx.doi.org/10.3238%2Farztebl.2013.0425

Lempp, R. (1983). *Gerichtliche Kinder- und Jugendpsychiatrie*. Huber.

Nunner-Winkler, G. (2007). Zum Verständnis von Moral-Entwicklung in der Kindheit. In D. Horster (Hrsg.), *Moralentwicklung von Kindern und Jugendlichen* (S. 51–76). Verlag für Sozialwissenschaften.

Ostendorf, H., & Drenkhahn, K. (2020). *Jugendstrafrecht*. Nomos. https://doi.org/10.5771/9783748905387

Rasch, W. (1986). *Forensische Psychiatrie*. 2. Aufl. (1999). Kohlhammer. https://doi.org/10.1055/s-2006-932154

Rest, J. R., Thoma, S. J., & Bebeau, M. J. (1999). *Postconventional moral thinking: A neo-Kohlbergian approach*. Psychology Press.

Röpcke, B., Barth, N., & Hebebrand, J. (2020). Die Reifebeurteilung Heranwachsender nach § 105 JGG und der Umgang mit jungen erwachsenen Straftäterinnen und Straftätern aus entwicklungspsychologischer Sicht. *Zeitschrift für Kinder- und Jugendpsychiatrie und Psychotherapie, 48*(4), 318–327. https://doi.org/10.1024/1422-4917/a000717

Schütze, G., & Schmitz, G. (2003). Strafrechtliche Verantwortlichkeit, Strafreife und schädliche Neigung. In R. Lempp, G. Schütze & G. Köhnken (Hrsg.), *Forensische Psychiatrie und Psychologie des Kindes- und Jugendalters* (S. 127–135). Steinkopff. https://doi.org/10.1007/978-3-642-57383-5_14

Von Buch, J., & Köhler, D. (2019). Jugendlich oder erwachsen? – Standards in der Beurteilung der strafrechtlichen Verantwortungsreife nach § 105 JGG. *Rechtspsychologie – RPsych, 5, 3*. https://doi.org/10.5771/2365-1083-2019-2-178

Wille, R., & Beier, K. M. (1994). Verdrängte Schwangerschaft und Kindstötung. Theorie-Forensik-Klinik. *Sexuologie*, 57–100.

Kriminalprävention und Straftäterbehandlung – Was machen wir denn jetzt mit denen?

Sie haben nun einen Einblick in die Entstehung von Straftaten und die Personen, die solche Straftaten begehen, bekommen. Da stellt sich die Frage, was wir als Gesellschaft nun mit diesen Menschen tun sollten. Ist es sinnvoll, sie einige Jahre ins Gefängnis zu schicken und zu hoffen, dass sie dort von ihren dissozialen Einstellungen abrücken? Sollten wir sie alle behandeln? Aber wenn doch nicht alle psychisch gestört sind, was behandeln wir dann? Und kostet das nicht viel zu viel? Lohnt sich das? Und was können wir tun, um zu verhindern, dass jemand überhaupt erst kriminell wird? Einige dieser etwas polemisch formulierten Fragen werde wir in diesem Kapitel näher betrachten.

Kriminalprävention
Im Rahmen der Kriminalprävention greift man auf die in Kap. 2 vorgestellten Entstehungstheorien delinquenten Verhaltens zurück. Der Schwerpunkt liegt jedoch nicht nur auf dem Kriminalitätsaspekt; vielmehr werden Präventionsansätze hinsichtlich des abweichenden Verhaltens insgesamt verfolgt (Überblick bei Walsh et al., 2018). Doch beginnen wir zunächst mit der Klärung der Bedeutung des Begriffs „Prävention" (lat. praeveniere = „zuvorkommen"). Prävention steht für die Abwendung aller unerwünschten, negativen Ereignisse oder Entwicklungen. Das kann neben der Bemühung, Krankheiten oder Unfälle abzuwenden, auch das Vorbeugen von Gewalt oder Straftaten bedeuten. Folglich sind Präventionsmaßnahmen in verschiedenen Bereichen fester Bestandteil. Das reicht von der Gesundheitsversorgung, z. B. von der Krankenkasse geförderte Programme zur Stressreduktion, bis hin zu Vorsorgemaßnahmen in Schulen, z. B. Projekte zum Thema Alkohol- und Drogenmissbrauch. Oftmals wird man in diesem Kontext mit dem Begriff Intervention (lat. intervenire = „dazwischenkommen") konfrontiert. Präventions- und Interventionsmaßnahmen unterscheiden sich primär in Bezug auf den Zeitpunkt. Präventionen setzen dort an, wo noch nichts oder

nicht viel passiert ist. Interventionen kommen dann zum Tragen, wenn bereits ein negativer Entwicklungsverlauf begonnen hat oder schon weiter fortgeschritten ist. Präventions- und Interventionsmaßnahmen gehen teilweise ineinander über und lassen sich deshalb nicht eindeutig voneinander abgrenzen, so dass Sie immer auch Aspekte mit intervenierendem Charakter in Maßnahmen mit präventivem Zweck finden werden und umgekehrt.

In einem aus der Medizin stammenden Modell wird zwischen drei Präventionsarten unterschieden: primärer, sekundärer und tertiärer Prävention (Caplan, 1964; Heinz, 1998; Kaiser, 1993). Die primäre Prävention beginnt, bevor Probleme auftreten. Ziel der primären Kriminalprävention wäre bspw. die Sensibilisierung für rechtliche Angelegenheiten sowie die Stärkung von Schutz- und Reduzierung von Risikofaktoren. Die Programme setzen daher bereits früh in der Entwicklung an und versuchen, möglichst viele Menschen zu erreichen. Beispiele für nachweisbar effektive Programme sind das Triple P („Positive Parenting Programm"; Dirscherl et al., 2019) und das Fairplayer-Manual (Scheithauer & Bull, 2010). Triple P ist ein Programm zur Förderung positiver Erziehung. Kinder sollen in ihrer psychischen Gesundheit, sozialen Kompetenz und Selbstkontrolle gestärkt werden. Die Eltern-Kind-Beziehung soll gefördert und der elterliche Stress reduziert werden. Das Fairplayer-Manual zielt auf die Förderung sozialer Kompetenzen und Zivilcourage zur Prävention von Mobbing und Gewalt in der Schule ab. Programme zur Kriminalprävention, deren Wirksamkeit nachgewiesen sind, finden sich auf der grünen Liste[1]. In der sekundären Prävention geht man einen Schritt weiter. Sie setzt dort an, wo problematische Verhaltensweisen oder generelle Risikosituationen bestehen, mit dem Versuch, diesen möglichst frühzeitig entgegenzuwirken. In der sekundären Kriminalprävention versucht man einerseits, durch die frühe Einflussnahme auf potenzielle Täter präventiv tätig zu werden, und andererseits, Maßnahmen zu ergreifen, die potenzielle Opfer schützen. Darüber hinaus müssen die Maßnahmen nicht nur personenzentriert sein, sondern können sich ebenso auf den situativen Kontext beziehen, z. B. Ergreifen von Maßnahmen in risikobehafteten Umgebungen wie Bahnhöfen. Die tertiäre Prävention weist den größten Interventionscharakter auf, da sie an vorausgegangenes Problemverhalten anschließt. Auf den kriminalpräventiven Kontext übertragen, betrifft dies u. a. präventive Maßnahmen hinsichtlich der Rückfälligkeit von Straftätern, die wiederum auf therapeutischen und strafrechtlichen Maßnahmen basieren können. Ein Beispiel hierfür ist das Programm Kurve kriegen (Bliesener et al., 2015). Das Programm richtet sich an Kinder und Jugendliche im Alter von 8–15 Jahren, die mindestens ein Gewaltdelikt oder

---

[1] www.gruene-liste-praevention.de

drei Eigentumsdelikte begangen haben und deren Lebensumstände deutliche Risikofaktoren aufweisen. Ziel ist es, einer Verfestigung der kriminellen Karriere entgegenzuwirken.

Ein etwas anderer Vorschlag zur Unterteilung von Präventions- und Interventionsmaßnahmen stammt u. a. von Beelmann und Raabe (2007) und Lösel (2004). Die hier vorgeschlagenen Maßnahmen orientieren sich an unterschiedlichen Ansatzpunkten präventiver Arbeit. Dabei werden drei Interventionsebenen unterschieden. Auf der ersten Ebene finden sich sozial-, bildungs-, familien- und gesundheitspolitische Maßnahmen, z. B. Reduktion von Armut und Arbeitslosigkeit sowie Verbesserung der Gesundheitsversorgung. Polizeiliche und juristische Maßnahmen bilden die zweite Ebene und dienen mitunter der Verhinderung von Straftaten, z. B. Reduzierung der Verfügbarkeit von Waffen. Basis der dritten Ebene bilden psychologisch-pädagogische Maßnahmen. Im Mittelpunkt steht hier die systematisch soziale Förderung von Kindern und den Personen in ihrem Umfeld. Diese Ebene zielt wiederum auf die Verringerung von Risikofaktoren, z. B. Aufklärungskampagnen gegen Gewalt, und die Stärkung von Schutzfaktoren ab, wie etwa strukturierte Freizeitangebote. Diese beiden Faktoren macht man sich insbesondere in der entwicklungsorientierten Kriminalprävention zunutze. Ziel ist es dabei, möglichst früh in den Entwicklungsverlauf einzugreifen und somit dissozialen Entwicklungen vorzubeugen, wobei auf theoretische Modelle und empirische Untersuchungen zu normabweichendem Sozialverhalten zurückgegriffen wird (vgl. Beelmann et al., 2014; Lösel & Farrington, 2012). Es konnte bereits eine Vielzahl an Risiko- und Schutzfaktoren festgestellt werden, zu denen u. a. Intelligenz und soziale Kompetenzen gehören (vgl. Beelmann et al., 2014). Eine gute Prävention sollte neben individuellen Maßnahmen auch bei den Eltern, in der Schule und auf kommunaler Ebene ansetzen.

Langzeitstudien hinsichtlich kriminalpräventiver Maßnahmen stellen für die Praxis eine enorm wichtige Informationsquelle dar, um überhaupt sehen zu können, ob Kriminalität hierdurch erfolgreich abgewendet werden konnte. Hierbei muss man ebenfalls bedenken, dass nicht jeder der Teilnehmer ohne das Programm auf jeden Fall kriminell geworden wäre, da immer mehrere Bereiche einen Einfluss hierauf haben können. An dieser Stelle wird die Komplexität des menschlichen Verhaltens, aber ebenso des gesamten Bereichs der Kriminalpsychologie einmal mehr deutlich. Wir haben es hier also mit einem aus gesellschaftlicher und sozialpolitischer Sicht sehr wichtigen Fachbereich zu tun, in dem in den vergangenen Jahren bereits viele Erkenntnisse gewonnen wurden, die jedoch noch lange nicht abgeschlossen sind und zukünftig weiterer Bearbeitung bedürfen.

Behandlung von Straftätern

In den 1970er Jahren herrschte eine eher pessimistische Einstellung in Bezug auf die Straftäterbehandlung (Martinson, 1974). Inzwischen wurden die Behandlungsprogramme deutlich weiterentwickelt und professionalisiert. Straftäter, die aufgrund einer psychischen Störung straffällig geworden sind (siehe Kap. 3), werden in sogenannten Maßregelvollzugskliniken (auch Forensische Psychiatrien) behandelt. Dort finden u. a. Einzeltherapien und Gruppenangebote sowie Kunst-, Musik-, Sport- und Ergotherapien sowie fallabhängig medikamentöse Behandlungen statt. Auch im Strafvollzug wurden die Behandlungsangebote (Sozialtherapie) stark ausgebaut (Egg & Niemz, 2012). Grundsätzlich geht es, salopp gesagt, darum, jemanden „ungefährlich" zu machen. Ob derjenige noch psychisch krank ist, ist im Grunde unwichtig. Natürlich kann man sich leicht vorstellen, dass die Teile einer Störung, die zu einem Delikt geführt haben, sehr wohl thematisiert und behandelt werden. Generell stehen aber das Delikt und die Gefährlichkeit im Fokus und nicht die Krankheit. Es geht um die Resozialisierung und Verringerung zukünftiger dissozialer Verhaltensweisen (Köhler, 2009). Die Behandlungsansätze entstammen unterschiedlichen Schulen, die Verhaltenstherapie hat sich jedoch in den letzten Jahren vermehrt durchgesetzt.

Vielleicht irritiert es zunächst, dass auch in Justizvollzugsanstalten Behandlungen durchgeführt werden, da die Häftlinge doch wussten, dass es falsch war, was sie getan haben (Einsichtsfähigkeit), und sie dies auch hätten unterlassen können (Steuerungsfähigkeit). Es finden sich jedoch auch bei schuldfähigen Straftätern häufig psychische Störungen (Fazal & Danesh, 2002; Köhler et al., 2012):

- Missbrauch und Abhängigkeiten (bis zu 90 %)
- Dissoziale Persönlichkeitsstörungen (60–80 %); andere Persönlichkeitsstörungen wie z. B. Borderline oder Narzisstische Persönlichkeitsstörung (0–20 %)
- Angststörungen und Depressionen (bis zu 20 %)
- Psychosen (unter 5 %)
- Bei Jugendlichen Störung des Sozialverhaltens (bis zu 80 %) und ADHS (bis zu 25 %)

Noch gibt es nur wenig Versorgungsangebote in Justizvollzugsanstalten. Es werden aber vermehrt Versuche unternommen, dies zu verändern. Die JVA Neumünster hat beispielsweise 2013 eine psychiatrische Sprechstunde aufgebaut. Bei den 195 vorgestellten Gefangenen hatten 96,4 % mindestens eine psychiatrische Diagnose. Bei 98,5 % wurde eine Behandlung empfohlen (bei 80 % eine Psychopharmakotherapie). Im Einzelnen ergab sich folgendes Bild (Huchzermeier et al., 2016):

- Psychoreaktive Störung (42,1 %)
- Substanzbezogene Störung (40 %)
- Affektive Störung (22,6 %)
- Schizophrene Psychose (13 %)

Das Behandlungsangebot im Maßregelvollzug unterscheidet sich von dem in Justizvollzugsanstalten. Im Maßregelvollzug sollte jeder untergebrachte Patient Behandlung erhalten, um durch eine Besserung seines Zustands zu erreichen, dass er nicht mehr gefährlich ist (§ 136 StVollzG). Die Behandlung wird multiprofessionell u. a. durch Fachkräfte aus den Bereichen Psychologie, Medizin, Pädagogik, Soziale Arbeit, Krankenpflege, Kunsttherapie, Musiktherapie, Sporttherapie und Ergotherapie durchgeführt. Es sollten dabei diejenigen besonders intensiv behandelt werden, die ein hohes Rückfallrisiko aufweisen (risk). Die Behandlung sollte individuell auf die Veränderungen der kriminogenen Faktoren zugeschnitten (need) und auch auf den jeweiligen Täter und seine Fähigkeiten abgestimmt sein (responsivity; Andrews et al., 2006). Durch eine angemessene Behandlung können Rückfälle maßgeblich reduziert werden. Müller-Isberner fand 2002 einen Rückgang der Rückfälle um ca. 40 %. Wie die Behandlung konkret aussieht, hängt letztlich auch von der Störung ab (für einen Überblick siehe Saimeh, 2015). Bei psychotischen Patienten (siehe Beispiel Frau N. in Kap. 3) werden in der Regel psychotherapeutische Ansätze mit Medikamenten (Neuroleptika) kombiniert. In der Therapie wird weniger auf das Delikt fokussiert, da die Taten für die Patienten meistens charakterfern sind. Sobald die Symptome remittiert sind, leiden sie häufig stark unter ihren Taten und werden nicht selten suizidal (Nowara, 2014). Es geht daher vor allem darum, die Patienten dazu zu motivieren, ihre Erkrankung in den Griff zu bekommen und beispielsweise die Medikamente regelmäßig einzunehmen, Stress zu reduzieren und Frühwarnzeichen zu erkennen. Das klingt hier relativ simpel, ist es in der Realität aber überhaupt nicht. Die Erstautorin des Buches erinnert sich noch gut daran, wie sie als Studentin mit ihrem Wissen über Therapiemanuale in einer forensischen Klinik auf ihren ersten psychotischen Patienten traf. Sie stellte sich den Therapieprozess (vereinfacht gesprochen) in etwa so vor: Stunde 1 Beziehungsaufbau, Stunde 2 Besprechung des Störungsmodells, Stunde 3 Identifizierung individueller Risikofaktoren und so weiter. Nachdem die Bezugstherapeutin das Wort „Schizophrenie" benutzt hatte, fing der Patient an, unkontrolliert zu lachen. Er hörte ihr gar nicht mehr zu. Hinzu kam, dass er sich nach ca. 10–15 min nicht mehr konzentrieren konnte. Manchmal war er auch so in seine Gedanken vertieft, dass er kaum ansprechbar war. So sind natürlich nicht alle psychotischen Patienten, viele sind aber doch schwer eingeschränkt und die Behandlung muss sich demzufolge anpassen. Das integrierte psychologische Therapieprogramm für schizophrene Patienten (IPT; Bauer, 2002; Roder et al., 2010, 2011) ist beispielsweise so aufgebaut, dass mit zunehmender Therapiedauer die Anforderungen an die Patienten steigen. Zu Beginn ist es sehr strukturiert und die Beispiele sind eher sachlich, später wird es flexibler und die Materialien sind potenziell emotionaler. Das Programm besteht aus fünf Elementen: kognitive Differenzierung, soziale Wahrnehmung, verbale Kommunikation, soziale Fertigkeiten und interpersonelles Problemlösen. Der starke Fokus auf den sozialen Bereich ist dadurch begründet, dass belastende Lebensereignisse und auch Alltagsstress und hierbei v. a. auch soziale Stressoren mit psychotischer Symptomatik zusammenhängen (Tessner et al., 2011). Auch gibt es interessante Neuentwicklungen für die Therapie von Wahn. Paranoide Gedanken existieren nicht, wie man vielleicht vermuten könnte, nur bei schizophrenen Patienten. Vielmehr gibt es ein Kontinuum von wahnhaften Gedankeninhalten, wobei eher harmlosere Gedanken wie z. B. „andere reden über mich" häufiger vorkommen als Gedanken mit extremerem Inhalt wie z. B. „es gibt eine Verschwörung" (Bebbington et al., 2013; Freeman et al., 2005). Diese Erkenntnisse wurden auf die Therapie von Wahn übertragen. Man bediente sich eines Therapiemodells, was auch für die Behandlung anderer Störungen erfolgreich eingesetzt wird. Zum Beispiel kommt jemand auf der Arbeit in die Küche und sieht, wie die Kollegen sich unterhalten. Er denkt, dass die Kollegen über ihn gelästert haben, bevor er reinkam. Das ist seine Bewertung, die problematisch ist und zu Unsicherheit und Rückzug oder vielleicht auch zu Ärger führt. In der Therapie wird dann an den wahnhaften Bewertungen gearbeitet (Lincoln et al., 2019). Diese Therapieansätze zeigen durchaus Wirkung, wobei die Effekte über die Effekte einer medikamentösen Behandlung hinaus eher im niedrigen Bereich liegen (Van der Gaag et al., 2014). Ein häufiges Problem zu Beginn der Behandlung ist bei schizophrenen Patienten, dass sie sehr misstrauisch sind. Sie müssen sich entscheiden, ob sie selbst krank sind oder die Umgebung versucht, die zu manipulieren bzw. ihnen etwas einzureden. Dazu ein kleines Gedankenspiel: Stellen Sie sich vor, Sie wachen auf und hören plötzlich flüsternde Stimmen, die abfällig über Sie sprechen. Sie gehen aus Ihrer Zimmertür und sehen Ihre/n Partner/in in der Küche mit einer/m Bekannten sprechen. Beide schauen Sie an. Würden Sie ihnen mitteilen, was Sie gerade erleben?

Neben der Arbeit mit den wahnhaften Gedanken werden in der Therapie Strategien der Emotionsregulation mit den Patienten eingeübt, um den Umgang mit den im Vergleich zu gesunden Menschen intensiveren Emotionen zu verbessern (Ludwig et al., 2020; Opoka et al., 2021). Man nimmt heute an, dass wahnhafte Patienten mehr ungünstige Strategien wie Gedankenunterdrückung und Sorgen einsetzen und z. B. eine Reduktion der Sorgenzeiten die Wahnsymptome verbessern kann (Freeman et al., 2015). Eine kürzlich erschienene Studie untersuchte eine Therapieform, die auf eine Veränderung des Denkstils (v. a. des voreiligen Schlussfolgerns) bei Schizophrenen abzielte (Garety et al., 2021). Die Fähigkeit, langsamer zu denken und die eigenen Gedanken mehr infrage zu stellen, hatte in der Studie kleine bis moderate Effekte auf den Wahn. Vielversprechend erscheint auch eine neue Therapieform, um Patienten mit persistierendem Stimmenhören zu helfen. Die Patienten erstellen mit Hilfe eines/r Therapeuten/in ein virtuelles Bild von ihrer Stimme, einen Avatar. Dieser sieht so aus, wie die Patienten das mit ihrer Stimme assoziieren, spricht in derselben Tonlage und sagt dieselben Dinge. Es könnte zum Beispiel eine Teufelsfratze sein, die in bedrohlicher Tonart den Patienten abwertet. Die Patienten lernen dann, ähnlich wie bei einer Angstkonfrontationstherapie, diesen bedrohlichen Stimulus anders zu bewerten und der Stimme etwas entgegenzusetzen (Craig et al., 2015; Ward et al., 2021). Die interessierte Leserschaft sei hier auch auf die Essential-Ausgabe zu dem Thema verwiesen (Bredl et al., 2017).

Bei Patienten mit Persönlichkeitsstörungen bzw. Persönlichkeitsstörungen und Substanzmissbrauch (einer häufigen Kombination) wird man regelhaft eher keine Medikamente geben, sondern auf die dissozialen Einstellungs- und Verhaltensmuster fokussieren (u. a. Ellis, 1977; Young et al., 2005). Der Grundgedanke in der Arbeit ist, dass jedes Verhalten sich aus einem bestimmten Grund entwickelt hat. Häufig steht beispielsweise hinter aggressivem Verhalten der Versuch, Verletzungen abzuwehren. Grundsätzlich steht man vor dem Problem, dass persönlichkeitsgestörte Straftäter sich häufig nicht als gestört empfinden und damit auch wenig Motivation haben, sich auf eine Therapie einzulassen. In solchen Fällen wird in der Regel versucht, über die negativen Konsequenzen ihres Verhaltens (z. B. Inhaftierung) eine Veränderungsbereitschaft zu bewirken. Gängig ist in vielen forensischen Kliniken das Reasoning-and-Rehabilitation-Programm (Gretenkord, 2002). Es ist ein störungsunspezifisches Programm mit 35 Sitzungen von je 2 h Dauer. Die Inhalte sind: Problemlösen, soziale Fertigkeiten, Verhandlungsfertigkeiten (Konfliktverhalten), Umgang mit Emotionen, kreatives Denken (Verbesserung des Umgangs mit Problemen), Werte und kritisches Urteilen (anstatt an Vorurteilen oder anhand weniger Informationen). Zur Behandlung von Patienten mit emotionaler Instabilität und Störungen der Impulskontrolle werden in einigen Kliniken auch in Gruppen die dialektisch-behaviorale Therapie (DBT – Bohus & Wolf-Arehult, 2013; Linehan, 2015) oder Stepps-Gruppen (Blum et al., 2014) angeboten. In diesen Gruppen geht es inhaltlich v. a. um den Umgang mit starken Emotionen und Impulsen, die Vermeidung von selbstverletzendem Verhalten und den Umgang mit anderen Menschen. Diese Gruppen werden in der Praxis von den Patienten sehr gut angenommen. Bei Patienten mit Substanzabhängigkeit bzw. -missbrauch wird wieder anders vorgegangen und der Fokus auf den Umgang mit der Sucht gelegt (siehe hierzu Schalast, 2014).

Im Gefängnis kann im Gegensatz zum Maßregelvollzug nicht jeder Untergebrachte behandelt werden. Das liegt zum einen daran, dass es zu wenig psychotherapeutisches bzw. psychologisches Personal für die große Anzahl an Inhaftierten gibt, zum anderen benötigt auch nicht jeder Gefangene wirklich eine psychotherapeutische Behandlung. Wenn keine psychische Störung vorliegt, ist oft auch der Leidensdruck und damit die Motivation, sich dezidiert mit sich selbst auseinanderzusetzen, geringer. Zudem ist das Klima unter den Gefangenen oft rauer und weniger geschützt als in einer Forensischen Psychiatrie. Eine Änderung der eigenen Persönlichkeit hin zu einer weniger dissozialen Grundhaltung und einer Akzeptanz der eigenen Gefühle und Verletzlichkeiten erscheint hier durch die Interaktion mit anderen Gefangenen, die keine Therapie machen, erschwert. Nicht selten äußern Gefangene Dinge wie, sie wollen keine „Therapieopfer" sein. Die Veränderung der eigenen problematischen Anteile wird hier demnach oft (zumindest zum Teil) negativ bewertet. Insgesamt betrachtet ist ein multimodales Behandlungsvorgehen am sinnvollsten, bei dem einzeltherapeutische, gruppentherapeutische und sozialpädagogische Angebote kombiniert werden. Einzeltherapien eignen sich generell, um Besonderheiten und auch solche Themen zu besprechen, die dem Täter unangenehm oder zu persönlich sind (Bosinski et al., 2002; Huchzermeier et al., 2006; Köhler, 2010; Müller et al., 2007). Gruppenprogramme erfreuen sich nicht zuletzt wegen ihrer Ökonomie und ihrer besseren Überprüfbarkeit wachsender Beliebtheit (Rehn et al., 2001). Manchen hilft es zudem, zu erkennen, dass sie nicht die Einzigen sind, die ein Problem haben. Es besteht jedoch die Gefahr, dass individuelle Aspekte zu wenig Beachtung finden und sich die Teilnehmer mit ihrem Problemverhalten gegenseitig verstärken. Es gibt verschieden empirisch fundierte Gruppenangebote für inhaftierte Straftäter, die sich grob nach Deliktgruppen sortieren lassen. Bekannte Programme für Sexualstraftäter sind das Sex-Offender-Treatment-Programm (SOTP – Craig et al., 2013; Mann & Thornton, 1998) oder das Behandlungsprogramm für Sexualstraftäter (BPS – Wischka et al., 2012). Bei jugendlichen Gewaltstraftätern haben sich die sogenannten Anti-Aggressivitätstrainings (vgl. Sauter, 2018; Weidner, 2011) in der Praxis etabliert. Inwiefern sich eine Deliktfokussierung und eine Auseinandersetzung mit der Tat auf die Rückfälligkeit auswirkt, wird zurzeit noch kontrovers diskutiert (vgl. Endres & Breuer, 2018 sowie Borchard, 2020).

Rückfälligkeit

Die Studien zur Rückfälligkeit sind v. a. in Bezug auf die Sexualstraftäterbehandlung uneinheitlich (Schmucker & Lösel, 2005). In einem Vergleich über verschiedene Studien hinweg zeigte sich ein Unterschied von 3,6 % zwischen therapierten (10,1 %) und untherapierten (13,7 %) Sexualstraftätern (Lösel & Schmucker, 2015). In einer Evaluation der sozialtherapeutischen Behandlung im Strafvollzug in Berlin fand sich nach sieben Jahren eine durchschnittliche Rückfallquote von 27 % (Ziethen, 2002). Erhöhte Rezidivraten fanden sich bei Tätern, die außerhalb der Familie Kinder missbraucht hatten, insbesondere bei homophilen, bisexuellen und im engeren Sinne pädophilen Tätern wie auch bei gewaltbereiten Vergewaltigern. Eher geringe Rezidivraten fanden sich hingegen bei innerfamiliären Missbrauchstätern. Insgesamt zeigten sich deutlich höhere Rückfallquoten für allgemeine Rückfälle als für einschlägige sexuelle Rückfälle (Groß, 2004; Jehle et al., 2016). Die Befunde weisen darauf hin, dass bei den meisten Sexualstraftätern die dissoziale Problematik vorrangig ist und nicht eine speziell psychosexuelle, wie man vielleicht vermuten könnte. Auch zeigt sich im Gegensatz zu anderen Straftätern, dass das Rückfallrisiko bei Sexualstraftätern ab dem 30. Lebensjahr nicht abnimmt, sondern bis in höhere Lebensabschnitte bestehen bleibt. Die heterogenen Befunde mögen sich auch z. T. dadurch erklären, dass die einzelnen Einrichtungen unterschiedliche Aufnahmeregeln für die Therapieprogramme haben. Eine neue Metaanalyse (Gannon et al., 2019) macht jedoch Hoffnung, dass es um die Straftäterbehandlung nicht ganz so düster bestellt ist, wie es in der Vergangenheit manchmal dargestellt wurde. Über alle Programme lagen die Rückfallraten bei behandelten Straftätern bei 13,4 % und bei Unbehandelten bei 19,4 % über einen Follow-up-Zeitraum von 66,1 Monaten. Für spezifische Programme lag die Reduktion der Rückfallraten für Sexualstraftaten bei 32,6 %, für häusliche Gewalt bei 36 % und für generelle Gewaltstraftaten bei 24,3 %. Am effektivsten waren die Programme, wenn konstant qualifizierte Psychologen beteiligt waren und wenn Supervision für das Personal angeboten wurde. Es gibt auch eine interessante neuere Studie, die sich mit Therapieabbrechern in der Sozialtherapie in Deutschland befasst hat (Brunner et al., 2019). Etwa 1/3 der Inhaftierten in der Sozialtherapie brechen die Therapie ab. Die Forscher fanden, dass Therapieabbruch mit höherem Rückfallrisiko für Sexual- und Gewaltdelikte zusammenhing. Die Gruppe der Therapieabbrecher ist demnach eine Hochrisikogruppe, die besonders dringend Therapie benötigt (high risk, high need): Es fand sich eine stärkere Vorgeschichte von Gewaltdelikten, höhere Arbeitslosigkeit und ein gewalttätiges Indexdelikt. Als Prädiktoren des Therapieabbruchs ergaben sich eine negativere Beurteilung in einem Prognoseverfahren (HCR), der 1. Faktor der PCL (emotionale und affektive Komponente;

siehe Kap. 4) und überraschenderweise die Abwesenheit von Substanzabhängigkeit. Hierzu wird es wohl zukünftig weitere Forschung geben müssen. Neben der Rückfälligkeit hat die Behandlung von Straftätern auch einen positiven Effekt auf ihr Vollzugsverhalten. So konnte zum Beispiel durch das Programm START NOW (Vermittlung von emotionalen, interpersonellen und zukunftsorientierten Skills) die Anzahl an Disziplinarverfahren reduziert werden (Kersten et al., 2016).

Für einen detaillierteren Einblick in den Umgang mit Straftätern sowie in die aktuellen Präventions- und Interventionsprogramme sei auf die Literaturempfehlungen am Ende dieses Kapitels verwiesen. Abschließend ist festzuhalten, dass sowohl die Prävention als auch die Behandlung und Resozialisierung von Straftätern einen signifikanten Effekt auf das kriminelle Verhalten hat. Damit wird auch der Opferschutz unterstützt, indem die Gesellschaft vor weiteren Straftaten geschützt wird.

> **Literaturempfehlungen**
>
> Walsh, M., Pniewski, B., Kober, M., & Armborst, A. (Hrsg.). (2018). *Evidenzorientierte Kriminalprävention in Deutschland – Ein Leitfaden für Politik und Praxis*. Springer VS.
>
> Wischka, B., Pecher, W., & van den Boogaart, H. (Hrsg.). (2013). *Behandlung von Straftätern – Sozialtherapie, Maßregelvollzug, Sicherungsverwahrung*. Centaurus.
>
> Saimeh, N. (Hrsg.). (2015). *Straftäter behandeln: Therapie, Intervention und Prognostik in der Forensischen Psychiatrie (Eickelborner Schriftenreihe)*. Medizinisch Wissenschaftliche Verlagsgesellschaft.
>
> Jugendliche psychisch kranke Straftäter im Maßregelvollzug: https://www.youtube.com/watch?v=swTjc9AUIL8
>
> Die Arbeit in den forensischen Kliniken des LWL: https://www.youtube.com/watch?v=rnBpvqT3TSI

Literatur

Andrews, D. A., Bonta, J., & Wormith, J. S. (2006). The recent past and near future of risk and/or need assessment. *Crime & Delinquency, 52(1)*, 7–27. https://doi.org/10.1177%2F0011128705281756

Literatur

Bauer, P. (2002). Das integrierte psychologische Therapieprogramm für schizophrene Patienten (IPT). In R. Müller-Isberner & L. Gretenkord (Hrsg.), *Psychiatrische Kriminaltherapie Band 1* (S. 48–59). Lengerich: Pabst.

Bebbington, P. E., McBride, O., Steel, C., Kuipers, E., Radovanovic, M., Brugha, T., Jenkins, R., Meltzer, H. I., & Freeman, D. (2013). The structure of paranoia in the general population. *British Journal of psychiatry, 202*, 419–427. https://doi.org/10.1192/bjp.bp.112.119032

Beelmann, A., & Raabe, T. (2007). *Dissoziales Verhalten bei Kindern und Jugendlichen. Erscheinungsformen, Entwicklung, Prävention und Intervention.* Hogrefe.

Beelmann, A., Pfost, M., & Schmitt, C. (2014). Prävention und Gesundheitsförderung bei Kindern und Jugendlichen. Eine meta-Analyse der deutschsprachigen Wirksamkeitsforschung. *Zeitschrift für Gesundheitspsychologie, 22*, 1–14. https://doi.org/10.1026/0943-8149/a000104

Bliesener, T., Glaubitz, C., Hausmann, B., Klatt, T., & Riesner, L. (2015). *Prozess- und Wirkungsevaluation der NRW-Initiative „Kurve kriegen".* Institut für Psychologie der Universität Kiel.

Blum, N. S., Bartels, N. E., St. John, D. & Pfohl, B. M. (2014). *STEPPS. Das Trainingsprogramm bei Borderline.* Psychiatrie Verlag. https://doi.org/10.1055/s-0035-1552963

Bohus, M., & Wolf-Arehult, M. (2013). *Interaktives Skillstraining für Borderline-Patienten.* Schattauer.

Borchard, B. (2020). Deliktorientierte Therapie-Bedeutung, Missverständnisse und Begriffsbestimmung. *Forensische Psychiatrie, Psychologie, Kriminologie, 14*(1), 50–57. https://doi.org/10.1007/s11757-019-00570-3

Bosinski, H. A. G., Ponseti, J., & Sakewitz, F. (2002). Therapie von Sexualstraftätern im Regelvollzug – Rahmenbedingungen, Möglichkeiten und Grenzen. *Sexuologie, 9*, 39–57.

Bredl, K., Bräutigam, B., & Herz, D. (2017). *Avatar-basierte Beratung in virtuellen Räumen – Die Bedeutung Virtueller Realität bei helfenden Beziehungen für Berater, Coaches und Therapeuten.* Springer. https://doi.org/10.1007/978-3-658-16015-9

Brunner, F., Neumann, I., Yoon, D., Rettenberger, M., Stück, E., & Briken, P. (2019). Determinants of dropout from correctional offender treatment. *Frontiers in Psychiatry, 10.* https://doi.org/10.3389/fpsyt.2019.00142

Caplan, G. (1964). *Principles of preventive psychiatry.* Basic Books.

Craig, L. A., Dixon, L., & Gannon, T. (2013). *What works in offender rehabilitation: An Evidence-based approach to assessment and treatment.* Wiley.

Craig, T., Rus-Calafell, M., Ward, T., Fornells-Ambrojo, M., McCrone, P., Emsle, R. & Garety, P. (2015). The effects of an audio visual assisted therapy aid for refractory auditory hallucinations (AVATAR therapy): Study protocol for a randomised controlled trial. *Trials, 16*, 349. https://doi.org/10.1186/s13063-015-0888-6

Dirscherl, R., Krabbe, S., Sanders, M.R., von Wulfen, Y. (2019). Triple P – ein „Public Health"-Ansatz zur Förderung der seelischen Gesundheit von Kindern und Jugendlichen durch Stärkung der elterlichen Erziehungskompetenz. Grundlagen, Struktur, Inhalte und Evaluation. Triple P Deutschland.

Egg, R., & Niemz, S. (2012). Die Entwicklung der Sozialtherapie im Justizvollzug im Spiegel empirischer Erhebungen. In B. Wischka, W. Pecher & H. van den Boogaart (Hrsg.), *Behandlung von Straftätern: Sozialtherapie, Maßregelvollzug, Sicherungsverwahrung* (S. 1–19). Centaurus.

Ellis, A. (1977). *Die Rational-emotive Therapie: Das innere Selbstgespräch bei seelischen Problemen und seine Veränderung*. Pfeiffer.

Endres, J., & Breuer, M. M. (2018). Behandlungsmaßnahmen und -programme im Strafvollzug. In *Das Gefängnis auf dem Prüfstand* (S. 89–108). Springer. https://doi.org/10.1007/978-3-658-20147-0_5

Fazal, S., & Danesh, J. (2002). Serious mental disorder in 23000 prisoners: A systematic review of 62 surveys. *The Lancet, 359*, 545–548. https://doi.org/10.1016/S0140-6736(02)07740-1

Freeman, D., Dunn, G., Startup, H., Pugh, K., Cordwell, J., Mander, H., Černis, E., Wingham, G., Shirvell, K., & Kingdon, D. (2015). Effects of cognitive behaviour therapy for worry on persecutory delusions in patients with psychosis (WIT): A parallel, single-blind, randomised controlled trial with a mediation analysis. *The Lancet Psychiatry, 2*, 305–313. https://doi.org/10.1016/S2215-0366(15)00039-5

Freeman, D., Garety, P. A., Bebbington, P. E., Smith, B., Rollinson, R., Fowler, D., Smith, B., Kuipers, E., Ray, K., & Dunn, G. (2005). Psychological investigation of the structure of paranoia in a non-clinical population. *British Journal of Psychiatry, 186*, 427–435.

Gannon, T. A., Olver, M. E., Mallion, J. S., & James, M. (2019). Does specialized psychological treatment for offending reduce recidivism? A meta-analysis examining staff and program variables as predictors of treatment effectiveness. *Clinical Psychological Review, 73*. https://doi.org/10.1016/j.cpr.2019.101752

Garety, P., Ward, T., Emsley, R., Greenwood, K., Freeman, D., Fowler, D., Kuipers, E., Bebbington, P., Rus-Calafell, M., McGourty, A., Sacadura, C., Collett, N., James, K. & Hardy, A. (2021). Effects of SlowMo, a blended digital therapy targeting reasoning, on paranoia among people With psychosis. A randomized clinical trial. *JAMA Psychiatry online*. https://doi.org/10.1001/jamapsychiatry.2021.0326

Gretenkord, L. (2002). Das Reasoning and Rehabilitation Programm (R&R). In R. Müller-Isberner & L. Gretenkord (Hrsg.), *Psychiatrische Kriminaltherapie Band 1*, (S. 29–40). Lengerich: Pabst.

Groß, G. (2004). Deliktbezogene Rezidivraten von Straftätern im internationalen Vergleich. *Unveröffentlichte Dissertationsarbeit an der Ludwig-Maximilian-Universität München*. https://doi.org/10.5282/edoc.1834

Heinz, W. (1998). Kriminalprävention – Anmerkungen zu einer überfälligen Kurskorrektur der Kriminalpolitik. In H.-J. Kerner, J.-M. Jehle & E. Marks (Hrsg.), *Entwicklung der Kriminalprävention in Deutschland* (S. 17–59). Forum.

Huchzermeier, C., Bruß, E., Godt, N., & Aldenhoff, J. (2006). Das Kieler Therapieprojekt für Gewaltstraftäter. Standardisierte Eingangsuntersuchung zur intramuralen Psychotherapie. *Recht & Psychiatrie, 24*, 134–141.

Huchzermeier, C., Schulte-Ostermann, M. A., & Folgmann, S. (2016). Neues aus der Anstalt: Die „psychiatrische Sprechstunde" in der JVA Neumünster – Minimalversorgung psychischer Störungen. *RPsych, 2*, 190–205. https://doi.org/10.5771/2365-1083-2016-2-190

Jehle, J.M., Albrecht, H.-J., Hohmann-Fricke, S., & Tetal, C. (2016). *Legalbewährung nach strafrechtlichen Sanktionen. – Eine bundesweite Rückfalluntersuchung 2010 bis 2013 und 2004 bis 2013*. Herausgegeben vom Bundesministerium der Justiz und für Verbraucherschutz.

Kaiser, G. (1993). Verbrechenskontrolle und Verbrechensvorbeugung. In G. Kaiser, H.-J. Kerner, F. Sack, & H. Schellhoss (Hrsg.), *Kleines Kriminologisches Wörterbuch* (S. 571–577). C.F. Müller.

Kersten, L., Cislo, A.M., Lynch, M., Shea, K., & Trestman, R.L. (2016). Evaluating START NOW: A Skills-Based Psychotherapy for Inmates of Correctional Systems. *Psychiatric Services (Washington, D.C.), 67*(1), 37–42. https://doi.org/10.1176/appi.ps.201400471

Köhler, D. (2009). Gewalt- und Sexualstraftäter. In H. Cornel, G. Kawamura-Reindl & B. Maelicke (Hrsg.), *Handbuch der Resozialisierung* (S. 406–437). Nomos.

Köhler, D. (2010). *Neuere Entwicklungen der forensischen Diagnostik in Psychologie, Psychiatrie und Sozialer Arbeit*. Verlag für Polizeiwissenschaft.

Köhler, D., Bauchowitz, M., Müller, S., & Hinrichs, G. (2012). Psychische Auffälligkeiten bei straffälligen jungen Menschen. In DVJJ (Hrsg.), *Achtung (für) Jugend! Praxis und Perspektiven des Jugendkriminalrechts. Dokumentation des 28. Deutschen Jugendgerichtstages vom 11–14. September 2010 in Münster* (S. 387–406). Form Verlag Godesberg.

Lincoln, T., Pedersen, A., Hahlweg, K., Wiedl, K. H., & Frantz, I. (2019). *Evidenzbasierte Leitlinie zur Psychotherapie von Schizophrenie und anderen psychotischen Störungen*. Hogrefe.

Linehan, M. (2015). *DBT skills training manual*. Guilford.

Lösel, F. (2004). Multimodale Gewaltprävention bei Kindern und Jugendlichen: Familie, Kindergarten, Schule. In W. Melzer & H. D. Schwind (Hrsg.), *Gewaltprävention in der Schule: Grundlagen – Praxismodelle – Perspektiven* (S. 326–348). Nomos.

Lösel, F., & Farrington, D. P. (2012). Direct protective and buffering protective factors in the development of youth violence. *American Journal of Preventive Medicine, 43*(2S1), 8–23. https://doi.org/10.1016/j.amepre.2012.04.029

Lösel, F., & Schmucker, M. (2015). The effects of sexual offender treatment on recidivism: An international meta-analysis of sound quality evaluations. *Journal of Experimental Criminology, 11*, 597–630. https://doi.org/10.1007/s11292-015-9241-z

Ludwig, L., Mehl, S., Krkovic, K., & Lincoln, T. M. (2020). Effectiveness of emotion regulation in daily life in individuals with psychosis and nonclinical controls. – An experience-sampling study. *Journal of Abnormal Psychology, 129*(4), 408–421. https://psycnet.apa.org/doi/10.1037/abn0000505

Mann, R. E., & Thornton, D. (1998). The evolution of a multisite sexual offender treatment program. In W. L. Marshall, Y. M. Fernandez, S. M. Hudson, & T. Ward (Eds.), *Sourcebook of treatment programs for sexual offenders* (S. 47–57). Plenum. https://doi.org/10.1007/978-1-4899-1916-8_4

Martinson, R. (1974). What works? – Questions and anwers about prison reform. *The public interest, 10*, 22–54.

Müller, S., Köhler, D., & Hinrichs, G. (2007). Intramurale Tätertherapie. Psychotherapeutische Behandlung und Betreuung inhaftierter Gewalt- und Sexualstraftäter in der Jugendanstalt Schleswig/Teilanstalt Neumünster, Forum Strafvollzug. *Zeitschrift für Strafvollzug und Straffälligenhilfe, 56*, 156–161.

Müller-Isberner, R. (2002). Psychiatrische Kriminaltherapie. In R. Müller-Isberner & L. Gretenkord (Hrsg.), *Psychiatrische Kriminaltherapie Band 1* (S. 1–6). Lengerich: Pabst.

Nowara, S. (2014). Behandlung psychisch kranker Straftäter im Maßregelvollzug. In T. Bliesener, F. Lösel & G. Köhnken (Hrsg.), *Lehrbuch Rechtspsychologie* (S. 512–528). Hans-Huber.

Opoka, S. M., Ludwig, L., Mehl, S., & Lincoln, T. (2021). An experimental study on the effectiveness of emotion regulation in patients with acute delusions. *Schizophrenia Research, 228*, 206–2017.

Rehn, G., Wischka, B., Lösel, F., Walter, M. (2001). *Behandlung gefährlicher Straftäter: Grundlagen, Konzepte, Ergebnisse*. Centaurus.

Roder, V., Müller, D. R., Brenner, H. D., & Spaulding, W. D. (2010). *Integrated psychological therapy (IPT): For the treatment of neurocognition, social cognition, and social competency in schizophrenia patients*. Hogrefe.

Roder, V., Mueller, D. R., & Schmidt, S. J. (2011). Effectiveness of integrated psychological therapy (IPT) for schizophrenia patients: A research update. *Schizophrenia bulletin, 37*, S71–S79. https://doi.org/10.1093/schbul/sbr072

Saimeh, N. (Hrsg.). (2015). *Straftäter behandeln: Therapie, Intervention und Prognostik in der Forensischen Psychiatrie (Eickelborner Schriftenreihe)*. Medizinisch Wissenschaftliche Verlagsgesellschaft.

Sauter, D. (2018). *Die Legitimation des Anti-Aggressivitäts-Trainings im Rahmen der Konfrontativen Pädagogik*. Grin-Verlag.

Schalast, N. (2014). Behandlung substanzabhängiger Straftäter. In T. Bliesener, F. Lösel & G. Köhnken (Hrsg.), *Lehrbuch Rechtspsychologie* (S. 489–511). Huber.

Scheithauer, H., & Bull, H. D. (2010). Das fairplayer.manual zur unterrichtsbegleitenden Förderung sozialer Kompetenzen und Prävention von Bullying im Jugendalter: Ergebnisse der Pilotevaluation. *Praxis der Kinderpsychologie und Kinderpsychiatrie, 59*, 266–281.

Schmucker, M., & Lösel, F. (2005). Die Wirksamkeit von Behandlung bei Sexualstraftätern. In K.-P. Dahle & R. Volbert (Hrsg.), *Entwicklungspsychologische Aspekte der Rechtspsychologie* (S. 221–238). Hogrefe.

Tessner, K. D., Mittal, V., & Walker, E. F. (2011). Longitudinal study of stressful life events and daily stressors among adolescents at high risk for psychotic disorders. *Schizophrenia Bulletin, 37*(2), 432–441. https://doi.org/10.1093/schbul/sbp087

Van der Gaag, M., Valmaggia, L. R., & Smit, F. (2014). The effects of individually tailored formulation-based cognitive behavioural therapy in auditory hallucinations and delusions: A meta-analysis. *Schizophrenia Research, 156*(1), 30–37. https://doi.org/10.1016/j.schres.2014.03.016

Walsh, M., Pniewski, B., Kober, M., & Armborst, A. (Hrsg.). (2018). *Evidenzorientierte Kriminalprävention in Deutschland – Ein Leitfaden für Politik und Praxis*. Springer VS.

Ward, T., Lister, R., Fornells-Ambrojo, M., Rus-Calafell, M., Edwards, C. J., O'Brien, C., Craig, T. K. J., & Garety, P. (2021). The role of characterisation in everyday voice engagement and AVATAR therapy dialogue. *Psychological Medicine, 1–8*. https://doi.org/10.1017/S0033291721000659

Weidner, J. (2011). Das Anti-Aggressivitäts-Training (AAT®) zur Behandlung gewalttätiger Intensivtäter. In A. Boeger (Hrsg.), *Jugendliche Intensivtäter* (S. 85–109). Springer. https://doi.org/10.1007/978-3-531-93017-6_5

Wischka, B., Pecher, W., & van den Boogaart, H. (Hrsg.). (2013). *Behandlung von Straftätern – Sozialtherapie, Maßregelvollzug, Sicherungsverwahrung*. Centaurus Verlag & Media.

Wischka, B., Rehder, U., & Foppe, E. (2012). *BPS-R Behandlungsprogramm für Sexualstraftäter — revidierte Fassung.* Kriminalpädagogischer Verlag.
Young, J. E, Klosko, J.S., Weishaar, M.E. (dt.2005). *Schematherapie. Ein praxisorientiertes Handbuch.* Junfermann.
Ziethen, F. (2002). *Rückfallpräventive Effizienz der sozialtherapeutischen Behandlung von Sexualstraftätern. Evaluation der Sozialtherapie in der JVA Berlin-Tegel.* Unveröffentlichte Diplomarbeit an der Freien Universität Berlin.

9 Glaubhaftigkeit – Aussage gegen Aussage

Das Thema sexuelle Belästigung ist spätestens seit der #metoo-Debatte in der Öffentlichkeit sehr präsent. Es ist wichtig, dass die Opfer sexueller Übergriffe eine Stimme bekommen und auch das Bewusstsein für die alltäglichen Grenzüberschreitungen geschärft wird, denen Mädchen und Frauen ausgesetzt sind. Auch Jungen und Männer sind hiervor nicht geschützt, wenngleich es bei diesen etwas seltener zu sexuellen Übergriffen kommt (siehe Tab. 9.1).

Andererseits ist durch die Debatte in der Öffentlichkeit der Eindruck entstanden, dass Jungen oder Männer, die mit solchen Vorwürfen konfrontiert sind, per se schuldig sind, ob man ihnen etwas nachweisen kann oder nicht. Einen spannenden Einblick in die Thematik gibt der Zeit-Podcast[1] zum Fall „Kachelmann". Es lohnt sich sehr, diese gut recherchierte journalistische Aufarbeitung anzuhören. Doch wie stellt man nun fest, ob eine Aussage der Realität entspricht? Um die Frage nach der Glaubhaftigkeit einer Aussage zu beantworten, werden Methoden der Aussagepsychologie eingesetzt. Die Aussagen von Opferzeugen werden mit Hilfe von wissenschaftlich fundierten Methoden ergebnisoffen hinsichtlich der Glaubhaftigkeit überprüft. Mit anderen Worten wird von den rechtspsychologischen Fachleuten überprüft, ob die Aussagen der Opfer mit ausreichender Wahrscheinlichkeit erlebnisbasiert sind. Dabei ist zu beachten, dass Sachverständige nicht nur nach Beweisen suchen dürfen, die die Aussage des Opfers bestätigen (Verifizierung), sondern sie müssen auch nach Belegen für Gegenhypothesen suchen (Falsifizieren). Das zuständige Gericht muss im Rahmen der Hauptverhandlung alle Fakten und Beweise würdigen und ein Urteil fällen. Dabei gilt grundsätzlich das Prinzip „in dubio pro reo", was bedeutet, dass im Zweifel

---

[1] https://www.zeit.de/gesellschaft/2021-07/joerg-kachelmann-prozess-vergewaltigung-landgericht-mannheim-verbrechen-podcast?utm_referrer=https%3A%2F%2Fwww.bing.com%2F

Tab. 9.1 Straftaten gegen die sexuelle Selbstbestimmung in 2019[2]

	Opfer insg.	Anteil an allen Opfern in Prozent			Altersgruppe			
		Geschlecht						
	Anzahl	Männlich	Weiblich	Kinder	Jugendliche	Heranwachsende	Erwachsene ab 21
Vollendet	28.820	7,7	92,3	6,0	25,6	15,5	52,9
Versucht	1903	5,9	94,1	2,5	20,7	14,1	62,7
Insgesamt	30.723	7,6	92,4	5,7	25,3	15,4	53,5

[2] https://www.bmi.bund.de/SharedDocs/downloads/DE/publikationen/themen/sicherheit/pks-2019.pdf?__blob=publicationFile&v=10

9 Glaubhaftigkeit – Aussage gegen Aussage

für den Angeklagten zu entscheiden ist (BGH, 1999, 2000). Ein Fallbeispiel[3] soll die Problematik veranschaulichen.

Fallbeispiel
In Sonjas Elternhaus wurde viel gestritten. Ihre Mutter sagte ihr oft, dass ihr Vater gemein sei und eine andere Frau habe. Sie solle den Vater eifersüchtig machen und ihm sagen, dass die Mutter einen Freund habe. Zu Hause wurde so viel gestritten, dass Sonja im Kindergarten häufig abwesend wirkte. Eine Kindergärtnerin fragte die Mutter, ob mit ihr alles in Ordnung sei, da sie oft neben sich stehe. Sonja bekam das mit und fragte sich von da an auch, was mit ihr nicht stimmte. Ihre Mutter machte einen Termin bei einem Psychotherapeuten. Die erste Therapie von vielen. In der Grundschulzeit lief Sonja von zu Hause weg, legte sich in den Schnee und wartete ab, bis sie sterben würde, wurde aber gefunden. Die mittelmäßigen Noten im Zeugnis wurden von der Mutter so gefälscht, dass Sonja von ihren Großeltern Geld für ihre guten Leistungen bekam. Sie erzählte gerne die „wildesten" Geschichten, so dass ihre Freunde schon gar nicht mehr richtig hinhörten. Ihr Vater gab ihr einmal eine Ohrfeige. Mit 11 Jahren sagte ihre Mutter zu ihr, dass ihr Vater eines Tages ausrasten und sie alle erstechen werde. Sonja glaubte ihr, rief im Frauenhaus an und organisierte den Auszug. Im Frauenhaus erzählte ihre Mutter ihr in allen Einzelheiten, dass ihr Vater sie einmal vergewaltigt habe. Mit 14 versuchte sie, sich mit Tabletten der Mutter das Leben zu nehmen. Sie kam in eine Psychiatrie und lernte ein Mädchen kennen, das ihr erzählte, sie sei von ihrem Vater missbraucht worden. In einer Therapiestunde sprach Sonja dann von Vergewaltigung. Sie sagte dem Arzt, sie wolle noch nicht genauer darüber sprechen.

Kurz darauf kam es zu einer Anzeige und Sonja wurde mit der Frage der Glaubhaftigkeit ihrer Angaben begutachtet. Sie sprach manchmal von 3–4 Vergewaltigungen und dann wiederum von 15–20. Die Lehrer sagten vor Gericht, sie wolle immer im Mittelpunkt stehen. Die Freunde erzählten, dass sie oft Lügen erzähle. Dennoch hatten die Gutachter keinen Zweifel an der Glaubhaftigkeit der Aussage. Im Gerichtssaal weinte sie, was als weiteres Zeichen der Glaubhaftigkeit gewertet wurde. Der Richter sagte, er werde einfach vorlesen, was sie gesagt habe, und sie solle nicken oder den Kopf schütteln. Eigene Schilderungen musste sie in der Verhandlung nicht

---

[3] https://www.zeit.de/zustimmung?url=https%3A%2F%2Fwww.zeit.de%2F2013%2F46%2Fvergewaltigung-vater-luege

hervorbringen. Ihr Vater wurde zu 7 Jahren Haft verurteilt. Sie bekam viel Zuwendung von ihren Freunden, den Therapeuten und ihrer Mutter, die 4 Monate später an Krebs starb. Ihr Bruder sagte, er wisse nicht, wem er glauben solle. Sie lernte einen Mann kennen, heiratete und bekam ein Kind. Sie lud ihren inzwischen entlassenen Vater zur Hochzeit ein, der ablehnte. In ihrer Ehe gab es viele Konflikte, weshalb sie schließlich zu einer Paartherapie gingen. Die Therapeutin fragte sie, was sie so belaste. Kurz darauf beichtete sie ihrem Mann, dass ihr Vater nie etwas getan habe. 4 Jahre später gab es einen neuen Gerichtstermin und eine weitere Sachverständige wurde dazu befragt, ob die Angaben der Zeugin jetzt glaubhaft waren oder ob sie, aus einem emotionalen Druck durch den Vater oder aus sonstigen Gründen, nun falsche Angaben machte. Sonja berichtete, wie sie sich anhand des Kalenders ihrer Mutter drei Geschichten überlegt habe. Sie habe gedacht, eine einmalige Vergewaltigung könne man sich kaum vorstellen und mehr als drei könne sie sich nicht merken. Sie habe sich alles so genau vorgestellt, dass sie manchmal selbst kurz geglaubt habe, dass es passiert sei. Dann habe sie nicht mehr gewusst, wie sie aus dem Lügennetz herauskommen sollte. Sie habe Angst gehabt, dass sich alle von ihr abwenden würden. Am Ende wurde ihr Vater freigesprochen.

Die Gutachtenstandards werden kontinuierlich verbessert. Solche Skandalfälle sind in der Vergangenheit häufig der Auslöser dafür gewesen. Im folgenden Abschnitt werden wir auf die Entwicklung der Rechtspsychologie in Bezug auf die Glaubhaftigkeit von Zeugenaussagen eingehen.

Die Entwicklung der Aussagepsychologie
1900 bis 1930 wurden erste Experimente zur Zuverlässigkeit von Zeugenaussagen von Kindern und Erwachsenen durchgeführt. William Stern (1902) schrieb damals: „die fehlerlose Erinnerung ist nicht die Regel, sondern die Ausnahme." Er beschrieb jedoch auch, dass individuelle Aussagen auch von Kindern durchaus zuverlässig sein können. Bereits zu der Zeit wurde von wissenschaftlicher Seite darauf hingewiesen, dass die Erstaussage besonders wichtig ist und daher die polizeilichen Vernehmungen wortwörtlich festgehalten werden sollten, anstatt diese nur sinngemäß wiederzugeben. Aus aktuelleren Forschungen weiß man, dass es beim Verschriftlichen der Aussage im Nachhinein zu diversen Fehlern kommen kann. Hierzu eine Untersuchung aus England (Milne et al., 2017): Die Forscher verglichen bei 18 realen polizeilichen Vernehmungen die schriftlichen Aufzeichnungen der Beamten mit den wörtlichen Transkripten der audio-visuellen

Aufnahmen. Hierbei fanden sie Unstimmigkeiten von insgesamt 26,8 %. Der häufigste Fehler bezog sich dabei auf Auslassungen einer Aussage des Zeugen, wie z. B. „Ich habe keinen Schaden gesehen." (14,5 %), gefolgt von neuen Aspekten, welche von den Zeugen nicht genannt worden waren, wie z. B. „braune Haare" oder „Ich hatte freie Sicht." (7,2 %). In einigen Fällen wurden die Angaben auch falsch niedergeschrieben; z. B. wurde „einer trug einen Fernseher" zu „sie trugen Fernseher" (4,8 %). In wenigen Fällen wurden sogar gegenteilige Angaben notiert, wie z. B. aus „Ich konnte nicht hören, was gesagt wurde." wurde „Ich erinnere die Unterhaltung." (0,3 %). Dies ist vor allem deshalb problematisch, da Studien zeigen, dass Zeugen die Veränderungen in der Regel nicht bemerken (Sagana et al., 2016).

Merkmale glaubhafter Aussagen
Entgegen der Annahme vieler Laien gibt es keine Kriterien, anhand derer wir erkennen können, dass jemand gerade lügt. Es wird aktuell viel zu sogenannten microexpressions geforscht (Ekman, 2009), also zu unwillkürlichen mimischen Reaktionen, anhand derer wir die wahren Emotionen erkennen können. Vielleicht kennen Sie das Konzept aus der Fernsehserie „Lie to me". Im forensischen Kontext hat sich das Konzept der microexpressions allerdings bislang nicht durchgesetzt (Burgoon, 2018). Es ist auch etwas anderes, zu erkennen, was jemand fühlt, und den Grund dafür zu verstehen. Sie können zum Beispiel Angst haben, weil ein Polizist Sie an Ihren Vater erinnert, der sehr streng war, oder weil Sie die Erfahrung gemacht haben, dass man Sie oft missversteht, oder weil sie schuldig sind und nicht wollen, dass es herauskommt. Auch wenn wir nicht klar erkennen können, wann jemand lügt, so können wir anhand von verschiedenen Kriterien jedoch Hinweise darauf finden, ob jemand die Wahrheit sagt. Undeutsch hat 1967 das erste System von Glaubhaftigkeitsmerkmalen zur Analyse von Zeugenaussagen erstellt, was heute immer noch die Grundlage für die Begutachtung der Glaubhaftigkeit bildet. Er ging davon aus, dass sich erlebnisbasierte Aussagen in ihrer Qualität von erfundenen Aussagen unterscheiden. International hat die kriterienbasierte Inhaltsanalyse (Criteria-Based Content Analysis) nach Steller und Köhnken (1989) viel Beachtung gefunden. Kriterien, die gut zwischen erlebnisbasierten und erdachten Aussagen trennen, beziehen sich zum einen auf die Aussage insgesamt. Wenn jemand lügt, wird er versuchen, sich möglichst gut darzustellen. Er wird sich eine Geschichte ausdenken und diese mit hoher Wahrscheinlichkeit von Anfang bis Ende erzählen, ohne zu viel hin- und herzuspringen, da man sich dabei leicht verzetteln kann. Eine logisch konsistente Aussage, die viele Details enthält und unstrukturiert vorgebracht wird, spricht daher eher für eine erlebnisbasierte Aussage. Auch wird eine lügende Person versuchen, sich auf das

Wesentliche zu konzentrieren, um nicht durcheinander zu geraten und sich an irgendeiner Stelle zu widersprechen. Er/sie wird dabei auf sein/ihr Wissen von prototypischen Situationen zurückgreifen und daher eher ein allgemeines Skript schildern als einen spezifischen Ablauf mit ausgefallenen Details und Handlungsabbrüchen. Neben diesen allgemeinen Kriterien werden daher zudem solche speziellen Merkmale betrachtet. In erlebnisbasierten Aussagen finden sich u. a. raum-zeitliche Verknüpfungen, Schilderungen von Interaktionen und Gesprächen, Handlungskomplikationen und ausgefallene Einzelheiten eher als in ausgedachten Aussagen. Auch die Schilderungen eigener Gedanken und Gefühle sowie von Gedanken und Gefühlen des Täters sprechen eher für einen Erlebnisbezug. Schließlich wird eine lügende Person, so die Annahme, alles tun, um als glaubhaft zu gelten. Das bedeutet, dass er/sie seine eigenen Angaben eher nicht infrage stellen wird. Spontane Verbesserungen der eigenen Aussage, Eingeständnis von Erinnerungslücken, Einwände gegen die Glaubhaftigkeit der eigenen Aussage, Selbstbelastungen und Entlastungen des Täters weisen demnach eher auf einen Erlebnisbezug hin. Zudem sind delikttypische Aspekte, die in der Allgemeinbevölkerung nicht bekannt sind, ein Hinweis auf eine Aussage über eine tatsächlich erlebte Handlung.

Die von Steller und Köhnken (1989) formulierten Kriterien wurden anhand von Feldstudien mit echtem Gutachtenmaterial und auch anhand von experimentellen Studien mit selbst erzeugten Aussagen validiert. Exemplarisch soll hier auf die Untersuchung von Boychuk (1991) verwiesen werden (Darstellung nach Greuel et al., 1998). 75 Aussagen von Kindern und Jugendlichen zwischen 4 und 16 Jahren in Gerichtsverfahren wegen sexuellen Missbrauchs wurden in drei Gruppen eingeteilt: bestätigte Fälle mit Geständnis, medizinischem Befund und strafrechtlicher Sanktion, bestätigte Fälle ohne medizinischen Befund und äußerst zweifelhafte Fälle ohne Geständnis, einem Expertenurteil über die Unwahrscheinlichkeit des sexuellen Missbrauchs und ohne strafrechtliche Sanktionen. Es zeigte sich, dass 12 der 19 Merkmale gut zwischen „wahren" und „unwahren" Aussagen diskriminieren und zwei Merkmale nur knapp das statistische Signifikanzniveau von 5 % verfehlten. Kaum Unterschiede zeigten sich in den motivationsbezogenen Merkmalen, wobei diese (mit Ausnahme der Angabe von Erinnerungslücken) auch nur in 16 % der Aussagen nachweisbar waren. Insgesamt betrachtet konnte in einer Vielzahl von Studien bestätigt werden, dass sich wahre und erfundene Aussagen in ihrer Qualität in Bezug auf die nicht-motivationalen Merkmale unterscheiden (Niehaus, 2001, 2008; Vrij, 2005, 2008). Diese Merkmale geben uns Hinweise darauf, ob jemand etwas darüber sagt, was aus seiner Sicht stattgefunden hat.

Aussagekonstanz
Unser Gedächtnis ist rekonstruktiv (Bartlett, 1932), das bedeutet, dass wir, wenn wir uns an ein Ereignis erinnern sollen, den Gedächtnisinhalt aktiv neu aufbauen, anstatt eine exakt gespeicherte Information abzurufen. Dadurch kann es selbst bei wahren Aussagen dazu kommen, dass wir Dinge hinzufügen, weglassen oder einander ähnliche Ereignisse vermischen (Offe & Offe, 2008). Man muss daher nicht nur die Aussage an sich betrachten, sondern auch andere mögliche Einflüsse untersuchen. Zum einen wird hierzu die Konstanz der Angaben über die Zeit hinweg für eine Glaubhaftigkeitsbeurteilung herangezogen. Hintergrund ist, dass Beobachtungen realer Vorgänge und eigene Erlebnisse besser behalten werden als Inhalte, die ein Zeuge sich ausgedacht oder in einem Film gesehen hat (siehe auch Howe et al., 2018). Ein Problem ist hierbei, dass die Vernehmungen bei der Polizei oft nicht wortwörtlich aufgeschrieben, sondern sinngemäß wiedergegeben werden (siehe oben). Zudem ist es in der Regel so, dass Betroffene bereits mit Freunden, Familienangehörigen oder Psychologen gesprochen haben, bevor sie zur Polizei gehen, so dass es hier schon zu Veränderungen der Gedächtnisspuren gekommen sein kann. Vielleicht haben Sie sich selbst schon einmal dabei ertappt, wie Sie Erlebnisse zu verschiedenen Zeitpunkten unterschiedlich erzählt haben. Dies ist im Grunde normal, da es auch vom Kontext abhängt, was wir erinnern. Vielleicht ist Ihnen auch bereits einmal passiert, dass Sie in einer Prüfung etwas nicht abrufen konnten, was Sie zuvor sicher gewusst haben. Dass Informationen aus unserem Gedächtnis nicht jederzeit zugänglich sind, bezeichnet man auch als Inkadenzphänomen (Arntzen, 2007; Greuel, 2001). Es ist daher auch üblich, ähnliche Fragen zu unterschiedlichen Zeitpunkten zu stellen, um eventuell vorhandene Gedächtnisinhalte zu aktivieren. Für die Glaubhaftigkeitsbeurteilung ist es entscheidend, dass eine Aussage relativ konstant ist. Dinge, die aufgrund psychologischer Gedächtnisprozesse eher vergessen werden, werden in der Regel weniger konstant ausfallen als Dinge, die sich generell stärker einprägen. Arntzen hat 2007 die Befunde aus Begutachtungsfällen, in denen die Zeugenaussage eine Bestätigung von außen erfuhr, analysiert und festgestellt, dass in glaubhaften Aussagen bei einer Zeitspanne von 2–3 Jahren bestimmte Merkmale konstant waren, während andere unterschiedlich geschildert wurden. 2020 wurde eine neue Studie zu diesem Thema publiziert, die zu recht ähnlichen Ergebnissen kommt (Lange et al. 2020; siehe Tab. 9.2).

In jeder glaubhaften Aussage muss man mit Erinnerungsschwächen und -ausfällen rechnen. Einzelne Ausfälle sind unproblematisch, es sei denn, sie betreffen die oben genannten Bereiche. Bei der Beurteilung der Qualität und der Konstanz muss man beachten, dass die Gedächtnisfähigkeiten individuell sehr unterschiedlich sind. In der Regel lässt sich ein/e Gutachter/in neutrale

Tab. 9.2 Relevante Dimensionen für die Konstanz nach Lange et al. (2020)

Konstanz zu erwarten	Konstanz nicht zu erwarten
Kernaktivität	Periphere Aktivität
Interaktionspartner	Reihenfolge von Handlungen
Örtlichkeit	Schätzungen
Relevante Gegenstände	Seite und Position von Körperteilen
Lichtverhältnisse	Unwichtige Personen
Globale Körperposition	Kleidung
	Genauer Inhalt von Unterhaltungen
	Numerische Informationen

körpernahe Ereignisse (z. B. eine Prügelei oder einen Unfall) schildern, um diese Beschreibungen mit den Angaben zu den Tatvorwürfen zu vergleichen. Auch wird man bei Kindern oder intelligenzgeminderten Personen andere Maßstäbe ansetzen als bei gesunden Erwachsenen. Hierbei spielt auch eine Rolle, ob jemand spezifisches Wissen über das vermeintliche Delikt hat. Wurde eine Frau beispielsweise bereits mehrfach vergewaltigt, besteht die Gefahr, dass sie etwas sehr detailreich und konstant schildert, was aber mit jemand anderem stattgefunden hat. Dies kann absichtlich (Lüge) oder versehentlich (Projektion) passieren. Hier wird man auf die Schilderung individueller Verflechtungen (z. B. mit der Wohnung des Beschuldigten oder der spezifischen Beziehung zueinander) und Unterschiede zwischen den verschiedenen Taten angewiesen sein, um eine Aussage als glaubhaft bewerten zu können (vgl. Volbert, 2009).

Effekte suggestiver Einflüsse auf Erinnerungen
Viel diskutiert wurden in den letzten Jahren auch suggestive Einflüsse auf Erinnerungen. Unter anderem der Fall des Bauern Rupp, der angeblich von seinen minderbegabten Verwandten (seiner Frau, seinen beiden Töchtern und seinem Schwiegersohn) umgebracht, zerstückelt und an die Hunde verfüttert wurde. Sein Leichnam wurde einige Jahre später als Ganzes mitsamt Auto aus der Donau gezogen. Anscheinend ist er auf dem Heimweg aus einer Kneipe vom Weg abgekommen.[4] Auch die Wormser-Prozesse wurden intensiv in den Medien diskutiert. In diesem Fall wurden 25 Personen aus Worms beschuldigt, einen Pornoring geführt zu haben. Es stellte sich heraus, dass die Kinder durch suggestive Befragungen beeinflusst worden waren. Einige der Kinder nahm man in der Absicht, sie zu schützen,

---

[4] https://www.spiegel.de/panorama/justiz/wie-die-polizei-im-fall-rudi-rupp-die-verdaechtigen-unter-druck-setzte-a-822276.html

aus den Familien und brachte sie in einem Kinderheim unter, wo sie dann tatsächlich missbraucht wurden.[5] Auch der Montessori-Prozess, in dem ein Erzieher eines Kindergartens des vielfachen sexuellen Kindesmissbrauchs beschuldigt wurde, sorgte für viel Aufsehen. Begonnen hatte die Tragödie mit einem Satz: „Rainer hat mir den Finger in den Po gesteckt." Am Ende der Ermittlungen vermutete man bei 63 Kindern sexuellen Missbrauch durch den Erzieher. Der Prozess endete mit einem Freispruch, da ebenfalls eine suggestive Beeinflussung durch Mitarbeiter einer Beratungsstelle festgestellt wurde. Der Junge, der den ersten Satz ausgesprochen hatte, sagte in der Verhandlung: „Ich hatte eine Hose an… Ich musste nie die Hose ausziehen." Niemand hatte ihn zuvor danach gefragt.[6] Solche Fälle hinterlassen großen Schaden auf allen Seiten. Es ist daher besonders wichtig, dass eine Befragung von geschulten Personen durchgeführt wird (Niehaus et al., 2017).

Das Problem für die psychologische Begutachtung ist, dass die Zeugen in manchen Fällen nicht absichtlich lügen, sondern tatsächlich glauben, dass etwas stattgefunden hat. Die oben genannten Kriterien helfen also nur wenig, um solche suggestiven Einflüsse festzustellen. Hierfür muss die Aussageentstehung genau analysiert werden. Eine bekannte Studie von Loftus et al. (1978) untersuchte anhand von einer Serie von Dias über einen Autounfall den Einfluss von Befragungen. 50 % hatten ein Stoppschild, 50 % ein Vorfahrtsschild gesehen. Den Versuchspersonen wurde später die Frage gestellt: „Fuhr ein anderes Auto an dem roten Datsun vorbei, als er an dem Stoppschild (für die andere Hälfte der Versuchspersonen Vorfahrtsschild) hielt?" 59 % der durch die Befragung in die Irre geführten Versuchspersonen gaben an, das falsche Schild gesehen zu haben, im Vergleich zu 25 %. Natürlich muss man bei der Interpretation solcher Studien auch beachten, dass es etwas anderes ist, etwas selbst zu erleben oder zu beobachten. Nichtsdestotrotz wird hier die Fehleranfälligkeit unseres Gedächtnisses deutlich (vgl. Shaw & Broermann, 2018). Neuere Untersuchungsansätze beschäftigen sich vor allem mit dem Effekt von imaginativen Techniken in Therapien. In solchen Studien werden die Versuchspersonen in der Regel gebeten, sich ein Ereignis vorzustellen und mit allen Sinnen zu beschreiben, was sie wahrnehmen. Manchmal wird ihnen auch gesagt, ein Verwandter habe bestätigt, dass das Ereignis stattgefunden habe. Mit intensiven wiederholten Imaginationen gelingt es offenbar sogar, Erinnerungen an eine selbst verübte Straftat zu erschaffen, die es nie gegeben hat (Shaw & Porter, 2015). Zudem fanden Patihis und Pendergrast (2019), dass die Wahrscheinlichkeit, einen zuvor nicht erinnerten Missbrauch zu erinnern, wenn ein Therapeut dies nahelegte, 20-fach erhöht war. Aktuell wird heiß diskutiert, ob die Aussagepsychologie eine

---

[5] https://www.spiegel.de/spiegel/print/d-8732053.html
[6] https://www.spiegel.de/spiegel/print/d-9184337.html

hilfreiche wissenschaftliche Domäne ist oder ob sie die Prozesse einer Traumatisierung nicht versteht. Traumatherapeuten argumentieren, dass Traumatisierungen zu strukturellen Veränderungen des Nervensystems führen, die es den Betroffenen häufig unmöglich machen, sich an bestimmte Inhalte der Traumata zu erinnern (vgl. Fegert et al., 2018). Aussagepsychologen halten dagegen, dass Studien drauf hinweisen, dass traumatische Inhalte besonders gut erinnert, periphere Details hingegen schlechter behalten werden (Volbert et al., 2019). Zudem erscheint es im Kontext eines Strafprozesses nicht haltbar, jemanden auf der Grundlage zu verurteilen, dass der Zeuge das Ereignis stellenweise nicht erinnert und es deswegen wahr sein muss. Die Forschung zu Scheinerinnerungen und die oben genannten Beispiele zeigen eindrücklich, dass Erinnerungen verfälscht werden können. Überlegungen dazu, ob es zu Scheinerinnerungen gekommen sein könnte, müssen daher in einem aussagepsychologischen Gutachten unbedingt angestellt werden. Dies hat auch der BGH in einem Grundsatzurteil von 1999 festgelegt: „Die Glaubhaftigkeit einer Aussage ist so lange zu negieren, bis diese Negation mit den gesammelten Fakten nicht mehr vereinbar ist."

Die Aussagepsychologie ist ein herausforderndes und spannungsgeladenes Arbeitsfeld, bei dem es einerseits um Opferschutz und Verurteilung eines möglichen Täters und andererseits um die Wahrung der Rechte eines Angeklagten geht. Die Opfer von sexuellem Missbrauch und Übergriffen müssen geschützt werden und die Täter nach geltendem Recht verurteilt werden. Anderseits müssen Angeklagte aber auch vor Falschbeschuldigungen von Zeugen geschützt werden. Das stellt die Gesellschaft psychologisch und rechtlich vor eine große Herausforderung. Insbesondere darf in den Medien in keinster Weise eine Vorverurteilung bzw. ein „Rufmord" stattfinden. Das Internet und die sozialen Medien wie z. B. Twitter oder Facebook spielen hierbei oftmals eine unrühmliche Rolle. Empfehlenswerte vertiefende Literatur für den Bereich der Aussagepsychologie finden Sie in nachfolgender Übersicht.

Literaturempfehlungen

Howe, M. L., Knott, L. M., & Conway, M. A. (2018). *Memory and miscarriages of justice*. Routledge.
Niehaus, S., Volbert, R., & Fegert, J. M. (2017). *Entwicklungsgerechte Befragung von Kindern im Strafverfahren*. Springer.

> Shaw, J., & Broermann, C. (2018). *Das trügerische Gedächtnis: Wie unser Gehirn Erinnerungen verfälscht.* Heyne.
>
> Der Fall Rudi Rupp: https://www.spiegel.de/video/reportage-rudolph-rupp-video-99010137.html.
>
> Kriminalpsychologin Julia Shaw über manipulierbare Erinnerungen: https://www.youtube.com/watch?v=HTgn2sIDUAw.

Literatur

Arntzen, F. (2007). *Psychologie der Zeugenaussage. System der Glaubhaftigkeitsmerkmale* (4. Aufl.). Beck.

Bartlett, F. C. (1932). *Remembering: A study in experimental and social psychology.* Cambridge University Press.

Bundesgerichtshof. (1999). Wissenschaftliche Anforderungen an aussagepsychologische Begutachtungen (Glaubhaftigkeitsgutachten), BGH-Urteil vom 30.07.1999 – 1 StR 618/98 – LG Ansbach. *Praxis der Rechtspsychologie, 9*(2), 113–125

Bundesgerichtshof. (2000). Anforderungen an Glaubhaftigkeitsgutachten. *Neue Zeitschrift für Strafrecht, 2000*(2), 100–105.

Boychuk, T. D. (1991). *Criteria-based content analysis of children's statements.* Unpublished dissertation, Arizona State University. Zitiert nach: Greuel, L., Offe, S., Fabian, A., Wetzles, P., Fabian, T., Offe, H., & Stadler, M. (1998). *Glaubhaftigkeit der Zeugenaussage.* Beltz.

Burgoon, J. K. (2018). Microexpressions are not the best way to catch a liar. *Frontiers in Psychology, 9.* https://doi.org/10.3389/fpsyg.2018.01672.

Ekman, P. (2009). Lie catching and micorexpressions. In C. Martin (Hrsg.), *The philosophy of deception* (S. 5). University Press.

Fegert, J. M., Gerke, J., & Rassenhofer, M. (2018). Enormes professionelles Unverständnis gegenüber Traumatisierten. *Nervenheilkunde, 37(07/08)*, 525–534. https://doi.org/10.1055/s-0038-1668320.

Greuel, L. (2001). *Wirklichkeit – Erinnerung – Aussage.* Beltz.

Greuel, L., Offe, S., Fabian, A., Wetzles, P., Fabian, T., Offe, H., & Stadler, M. (1998). *Glaubhaftigkeit der Zeugenaussage.* Beltz.

Howe, M. L., Knott, L. M., & Conway, M. A. (2018). *Memory and miscarriages of justice.* Routledge. https://doi.org/10.4324/9781315752181.

Lange, T., Bell, R., & Buchner, A. (2020). Differential mnemonic consistency differs between experienced and fabricated incidents. *Psychology, Crime & Law, 26*(10), 990–1005. https://doi.org/10.1080/1068316X.

Loftus, E. F., Miller, D. G., & Bruns, H. J. (1978). Semantic integration of verbal information into a visual memory. *Journal of Experimental Psychology: Human Learning and Memory, 4,* 19–31. https://psycnet.apa.org/doi/10.1037/0278-7393.4.1.19.

Milne, R., Nunan, J., Hope, L., Hodgkins, J., & Clarke, C. (2017). *The whole truth and nothing but the truth? Transforming verbal interviews into written statements.* Paper presented at the EAPL 2017, Mechelen, Belgium.

Niehaus, S. (2001). *Zur Anwendbarkeit inhaltlicher Glaubhaftigkeitsmerkmale bei Zeugenaussagen unterschiedlichen Wahrheitsgehalts.* Lang, Europäischer Verlag der Wissenschaften.

Niehaus, S. (2008). Merkmalsorientierte Inhaltsanalyse. In R. Volbert & M. Steller (Hrsg.), *Handbuch der Rechtspsychologie* (Handbuch der Psychologie, Bd. 9, S. 311–321). Hogrefe.

Niehaus, S., Volbert, R., & Fegert, J. M. (2017). *Entwicklungsgerechte Befragung von Kindern im Strafverfahren.* Springer.

Offe, H., & Offe, S. (2008). Aussagekonstanz als Indikator für den Erlebnisbezug einer Aussage. *Praxis Rechtspsychologie, 18,* 97–115.

Patihis, L., & Pendergrast, M. (2019). Reports of recovered memories of abuse in therapy in a large age-representative U.S. National sample: Therapy type and decade comparisons. *Clinical Psychological Science, 7,* 3–21. https://doi.org/10.1177/2167702618773315.

Sagana, A., Sauerland, M., & Merckelbach, H. (2016). The effect of choice reversals on blindness for identification decisions. *Psychology, Crime and Law, 22*(4), 303–314. https://doi.org/10.1080/1068316X.2015.1085984.

Shaw, J., & Broermann, C. (2018). *Das trügerische Gedächtnis: Wie unser Gehirn Erinnerungen verfälscht.* Heyne.

Shaw, J., & Porter, S. (2015). Constructing rich false memories of committing crime. *Psychological Science, 26,* 291–301. https://doi.org/10.1177/0956797614562862.

Steller, M., & Köhnken, G. (1989). Criteria-based statement analysis. In C. Raskin (Hrsg.), *Psychological methods in criminal investigation and evidence* (S. 217–245). Springer.

Stern, W. (1902). Zur Psychologie der Aussage. *Zeitschrift für die gesamte Strafrechtswissenschaft, 22,* 315–373.

Undeutsch, U. (1967). Beurteilung der Glaubhaftigkeit von Aussagen. Forensische Psychologie. In U. Undeutsch (Hrsg.), *Handbuch der Psychologie* (Bd. 11, S. 26–181). Hogrefe.

Volbert. (2009). Glaubhaftigkeitsbegutachtung: Wie man die aussagepsychologische Methodik verstehen und missverstehen kann. *Interdisziplinäre Fachzeitschrift Jg. 12, 2. Themenheft: Glaubhaftigkeitsbegutachtung.*

Volbert, R., Schemmel, J., & Tamm, A. (2019). Die aussagepsychologische Begutachtung: Eine verengte Perspektive? *Forensische Psychiatrie, Psychologie, Kriminologie, 2,* 108–124. https://doi.org/10.1007/s11757-019-00528-5.

Vrij, A. (2005). Criteria based content analysis: A qualitative review of the first 37 studies. *Psychology, Public Policy and Law, 11*(1), 3–41. https://psycnet.apa.org/doi/10.1037/1076-8971.11.1.3.

Vrij, A. (2008). *Detecting lies and deceit: Pitfalls and opportunities* (2. Aufl.). Wiley.

Viktimologie – Ich bin kein Opfertyp! 10

Wer wird eigentlich zum Opfer von Kriminalität? Gibt es Menschen, die häufiger von kriminellen Übergriffen betroffen sind, oder kann es jeden treffen? Die Opferforschung (vgl. Greve et al., 2014) und insbesondere die Frage nach Typologien von Opfern (Schneider, 2007) birgt immer die Gefahr, dass am Ende jemand sagt: „Du bist selbst schuld! Hättest Du Dich anders verhalten, wäre Dir das nicht passiert!" Das kann man auch gut in privaten Debatten beobachten, wenn es darum geht, ob junge Mädchen wirklich mit so kurzen Hosen, bauchfrei, mit weiten Ausschnitten etc. herumlaufen sollten. „Ist das nicht gefährlich?" heißt es dann oft zu Beginn und „Naja, sie hat es ja auch darauf angelegt!" steht nicht selten am Ende. Anfänglich ging die Forschung zu Opfertypologien tatsächlich davon aus, dass das Opfer in unterschiedlichem Grad an dem Prozess, der in der Straftat mündet, beteiligt ist (von Hentig, 1948, 1967). Später stand vor allem im Fokus, welche Art der Interaktion mit dem Täter dazu führt, dass die Situation sich beruhigt oder eskaliert (Krahé & Scheinberger-Olwig, 2002; Schwind, 2010).

Vergewaltigungsopfer haben häufig unter sogenannten Vergewaltigungsmythen zu leiden. Es scheint vier Typen von Vergewaltigungsmythen zu geben (Bohner et al., 2009):

1. Dem Opfer die Schuld geben: „Frauen haben ein unbewusstes Verlangen danach, vergewaltigt zu werden." „Frauen provozieren oft Vergewaltigungen durch ihr Aussehen oder ihr Verhalten."
2. Anzweifeln eines Vergewaltigungsvorwurfs: „Die meisten Anschuldigungen haben keine Grundlage." „Frauen neigen dazu, zu übertreiben, wenn sie die Folgen von Vergewaltigung schildern."

3. Entlasten des Täters: „Die meisten Vergewaltiger haben einen übermäßig starken Sexualtrieb." „Es kommt zur Vergewaltigung, wenn der Sexualtrieb der Männer außer Kontrolle gerät."
4. Behaupten, dass nur bestimmte Typen von Frauen vergewaltigt werden: „Frauen, die knappe Sachen tragen, sollten sich nicht wundern, wenn Männer versuchen, sie zum Sex zu zwingen." „In der Regel werden die Frauen vergewaltigt, die in Bars rumhängen und in der Gegend rumvögeln."

Warum halten so viele Menschen an solchen Mythen fest? Bohner und Kollegen argumentieren, dass Menschen versuchen, sich die Welt zu erklären und so negative Gefühle abwehren. Frauen, die nicht an solche Mythen glauben, erleben eine mögliche Vergewaltigung als Gefahr für alle Frauen, inklusive sich selbst. Frauen, die derartige Mythen annehmen, haben mehr gefühlte Kontrolle. Sie meinen, es selbst in der Hand zu haben, ob ihnen etwas passiert oder nicht. Nach dem Motto: „Wenn ich mich vernünftig anziehe und verhalte, wird mir nichts passieren." Wenngleich die Frauen, die diese Mythen ablehnen, die realistischeren Überzeugungen haben, scheinen sie sich mit dem Thema schlechter zu fühlen. Zudem scheint es sie davon abzuhalten, sich im Falle eines Angriffs vehement zu wehren (Bohner et al., 1998). Männer hingegen, die an Vergewaltigungsmythen glauben, scheinen so eigene aggressive Verhaltensweisen zu rationalisieren. Durch derartige Mythen kann sich bei Opfern von Sexualstraftaten auch eine sekundäre Viktimisierung (Metzner, 2018) einstellen. Das erste Mal wird jemand zum Opfer durch die Straftat selbst und zum zweiten Mal durch die Reaktion von Dritten, die eine Erklärung für die Straftat im Verhalten des Opfers vermuten und diesem so das Gefühl geben, selbst die Verantwortung für die Straftat zu tragen. Hinzu kommt, dass wir dazu neigen, das Verhalten von Menschen unterschiedlich zu bewerten, je nachdem, wie eine Situation ausgegangen ist. Dieser Beurteilungsfehler wird Rückschaufehler oder Hindsight-bias genannt (Harley, 2007). Wir machen in unserem Alltag unbewusst ständig Vorhersagen darüber, was passieren wird. Wenn wir erfahren, dass es zu einer Straftat (beispielsweise einer Vergewaltigung) gekommen ist, erinnern wir uns rückblickend vorrangig an die Informationen, die damit übereinstimmen. Wir könnten beispielsweise denken: „Das war ja klar, dass das so ausgeht. Schon die Art, wie sie den Typen angelächelt hat…" Wir nehmen solche Bewertungen selbst dann vor, wenn wir zuvor eigentlich keine erhöhte Gefahr wahrgenommen haben (vgl. Carli, 1999). Auch der Konsum gewalthaltiger Pornografie hat offenbar einen Einfluss auf unsere Wahrnehmung sexueller oder auch zweideutiger Signale (Krahé, 2011).

Wie groß ist die Gefahr nun wirklich, Opfer einer Straftat zu werden? Für die Beantwortung dieser Frage wollen wir zunächst die polizeiliche Kriminalstatistik des Bundeskriminalamts heranziehen. 2019 wurden 1.013.048 Opfer erfasst. Das sind etwa 0,9 % weniger als im Jahr davor. Bei den Opfern sind deutliche Geschlechtsunterschiede zu erkennen. Bei Raub (72 %), Mord, Totschlag und Tötung auf Verlangen (71,1 %) und Körperverletzung (62,4 %) sind die Opfer überwiegend männlich, bei Sexualstraftaten überwiegend weiblich (92,4 %). Die meisten erwachsenen Opfer bei Tötungsdelikten, Raub und Körperverletzung waren zwischen 30 und 40 Jahre alt. Bei Sexual- und Raubdelikten waren vermehrt Jugendliche betroffen, bei Körperverletzung v. a. Personen zwischen 18 und 21 Jahren. Personen ab 60 Jahren wurden eher selten als Opfer erfasst. Interessant ist, dass ältere Menschen in der Regel körperlich schwächer sind, sich also schlechter verteidigen können, aber trotzdem vergleichsweise selten Opfer werden. Ebenso fürchten sie sich nicht häufiger vor Kriminalität (Greve, 2005), was in öffentlichen Diskussionen jedoch nicht selten anders dargestellt wird.

Das Dunkelfeld
Eine Schwierigkeit bei der Opferforschung besteht darin, dass viele Delikte nicht bei der Polizei angezeigt werden. Um Informationen über die nicht angezeigten Delikte zu erhalten, werden sogenannte Dunkelfeldbefragungen durchgeführt. Das bedeutet, dass Personen dazu befragt werden, ob sie in einem bestimmten Zeitraum Opfer einer Straftat geworden sind und ob sie dies angezeigt haben. Je nach Delikt und Alter der Stichprobe zeigt sich, dass 40–60 % der erinnerten Delikte eines Jahres nicht angezeigt wurden (Greve et al., 2014). Stadler et al. (2012) ermittelten, dass lediglich 11,7 % der Delikte bei sexuellen Berührungen durch den Täter und 18 % bei vaginalen oder analen Penetrationen angezeigt werden. Frauen sind eher bereit, Sexualdelikte anzuzeigen, als Männer. Eine Anzeige erfolgt zudem oft zeitverzögert. Bei Missbrauch mit Körperkontakt und ohne Penetration vergehen im Mittel 4 Jahre, bei Missbrauch mit oraler, vaginaler oder analer Penetration etwa 6 Jahre bis zur Anzeige (vgl. Behruzi, 2018). Anzeigen sind wahrscheinlicher, wenn die Opfer sich früh nach der Tat jemandem anvertrauen, wenn Beweise vorliegen und wenn positive Erwartungen an ein Strafverfahren bestehen (Treibel et al., 2017). Das Bundeskriminalamt hat 2012 und 2017 breit angelegte Erhebungen von Opfererfahrungen, sogenannte Viktimisierungssurveys, durchgeführt (Birkel et al., 2017). In einer repräsentativen Stichprobe wurden Menschen befragt, ob sie Opfer von Gewalt geworden sind. Laut der Studie hat sich von 2012 bis 2017 der Anteil an Diebstahl, Zahlungskartenmissbrauch, Raub und Internetdelikten (Verleiten zur Preisgabe von Passwörtern durch betrügerische E-Mails oder Umleiten auf

gefälschte Internetseiten) erhöht. Datenverluste durch Viren etc. sind zurückgegangen. Bei Betrugs- und Körperverletzungsdelikten gab es keine Veränderungen in der Häufigkeit. Trotz des Rückgangs sind Internetdelikte durch Schadsoftware die häufigsten erfassten Viktimisierungen. 19,1 % der Personen ab 16 Jahren haben innerhalb von 5 Jahren (2012 bis 2017) eine derartige Opfererfahrung gemacht. Am zweithäufigsten war Waren- und Dienstleistungsbetrug (13,6 %), gefolgt von Diebstahl (11,5 %) und Körperverletzung (9,2 %). Seltene Delikte waren Zahlungskartenmissbrauch (4,1 %), Raub (3,9 %) sowie Verleiten zur Preisgabe von Passwörtern durch betrügerische Emails (3,1 %) oder Umleiten auf gefälschte Internetseiten (2,0 %). Sexualdelikte wurden hier nicht erhoben. In einer Studie zur Prävalenz von sexueller Gewalt (Allroggen et al., 2016) über einen Zeitraum von 14 Jahren berichteten 0,6 % der männlichen und 1,2 % der weiblichen Befragten von sexuellen Gewalterfahrungen innerhalb der vergangenen 12 Monate.

Da Jugendliche häufig von Gewaltstraftaten betroffen sind (s. o.), werden in Niedersachsen seit 2013 alle 2 Jahre die Jugendlichen der 9. Klasse dahingehend befragt, ob sie Gewalt ausgeführt oder erlebt haben (Baier & Kliem, 2019). Die Ergebnisse zeigen, dass leichtere Formen von Gewalt im Jugendalter häufiger sind als schwerere. Die Zahl der Jugendlichen, die Opfer von Gewalt werden, ist größer als die Zahl der Jugendlichen, die zum Täter werden. Die Werte im Dunkelfeld liegen dabei deutlich höher als im polizeilichen Hellfeld. 2017 gaben 7,7 % der Jugendlichen an, Gewalt ausgeübt zu haben. Diese Zahl ist ca. das Zehnfache des Hellfelds (0,7 %). Eine Erklärung dafür ist, dass nur wenige Delikte angezeigt werden. Zudem haben die Befragungen auch leichtere Formen von Gewalt erfasst. Es zeigte sich im Dunkelfeld derselbe Trend wie im Hellfeld: Von 2013 bis 2015 ist die Jugendgewalt gesunken. Der Rückgang der Gewalt unter Jugendlichen wird u. a. mit dem veränderten Erziehungsverhalten (weniger körperliche Strafen), einer Verringerung der Akzeptanz von Gewalt und einem Rückgang des Alkoholkonsums erklärt (Pfeiffer et al., 2018). Auch wird die Verbesserung der Prävention als Ursache diskutiert. Nach 2015 kam es allerdings im Dunkelfeld zu einem erneuten Anstieg der Opfer- und Täterraten.

Die Folgen von Straftaten
Wie gehen Menschen, die Opfer einer Straftat geworden sind, mit den Erlebnissen um? Überraschenderweise zeigt sich, dass selbst nach schwerwiegenden Vorfällen viele Menschen nicht dauerhaft belastet sind. Nach Vergewaltigungen entwickeln mehr als 90 % der Betroffenen eine akute Belastungsstörung, aber nur etwa 50 % eine Posttraumatische Belastungsstörung (Frommberger et al., 2014). Es ist bislang nicht vollends geklärt, wie die anderen 50 % es schaffen, die

Erlebnisse zu bewältigen, so dass sie keine derartige Störung entwickeln. Man spricht hier auch von Resilienz, also der psychischen Widerstandskraft gegenüber Belastungen (Horn & Feder, 2018). „Harmlosere" Delikte können sogar manchmal negativere Folgen haben als schwere Straftaten. Zudem können Opfererfahrungen naher Angehöriger genauso belastend sein wie eigene Erlebnisse (Boers, 2002). Auch fühlen sich manche Menschen nicht als Opfer, auch wenn sie von außen betrachtet Opfer einer Straftat geworden sind (Goodey, 2005). Dies mag verschiedene Gründe haben. Manche Menschen geben sich selbst die Schuld an den Ereignissen, was zu einer zusätzlichen Belastung werden kann. Es ist aber ebenfalls möglich, dass es bei anderen eine konstruktive Verarbeitung ist, um z. B. das Gefühl aufrechtzuerhalten, dass die Welt vorhersehbar und kontrollierbar ist. So müssen sie sich scheinbar nur beim nächsten Mal anders verhalten, um einer erneuten Opfererfahrung aus dem Weg zu gehen (Montada, 1988). Es ist bislang ungeklärt, ob eine Opfererfahrung sich qualitativ anders darstellt als kritische Lebensereignisse wie beispielsweise ein Unfall oder der Tod eines nahen Angehörigen. Laut dem Zwei-Prozess-Modell der Entwicklungsregulation (Brandstädter & Rothermund, 2002) gibt es assimilative und akkommodative Strategien, um mit einer erlebten Straftat umzugehen. Assimilation würde bedeuten, dass jemand sein Verhalten oder seine Lebenssituation verändert und z. B. einen Selbstverteidigungskurs besucht. Akkommodation wäre hingegen, wenn jemand grundsätzlich seine Lebenskonzepte überdenkt und z. B. akzeptiert, dass das Leben gefährlich ist, oder nicht mehr in eine Bar geht und sich einredet, dass er oder sie ohnehin der lauten Musik und dem Gedränge nicht viel abgewinnen kann.

Vor allem bei Traumatisierungen im Kindes- und Jugendalter können weitreichende Konsequenzen für die psychische und körperliche Gesundheit im Erwachsenenalter entstehen (Nemeroff, 2016; Teicher & Samson, 2016). Man unterscheidet auch zwischen Typ-1- und Typ-2-Traumata (Terr, 1991). Typ-1-Traumata sind einmalige, plötzlich auftretende Erlebnisse (z. B. ein Tsunami), Typ-2-Traumata sind Erlebnisse, die wiederholt auftreten (z. B. Kindesmissbrauch). Vor allem bei Typ-2-Traumatisierungen zeigen sich in der weiteren Entwicklung häufig neben der posttraumatischen Belastungsstörung weitere psychische Auffälligkeiten. Im Zuge der Jugendbefragungen von Baier (2015) konnte nachgewiesen werden, dass es einen Zusammenhang zwischen dem Erleben von Gewalt und einer Verschlechterung der psychischen Verfassung gibt (Baier, 2015). U. a. waren selbstverletzendes Verhalten sowie Suizidgedanken und -versuche häufiger bei Opfern von Gewalt. Dies galt v. a. für Körperverletzungen und Sexualdelikte. Auch zeigte sich in einer Metaanalyse (Norman et al., 2012) ein Zusammenhang zwischen körperlicher und psychischer Misshandlung sowie

Vernachlässigung auf der einen Seite und depressiven Erkrankungen, Drogenkonsum, Suizidversuchen und riskantem Sexualverhalten auf der anderen (vgl. auch Plener et al., 2017).

Herausfordernd ist auch die Frage, was Opfer eigentlich brauchen, damit sie das Gefühl von Gerechtigkeit erleben können. Es ist generell schwierig, absolute Aussagen zu machen. Es zeigt sich aber häufig, dass der Wunsch nicht unbedingt eine möglichst harte Bestrafung des Täters ist. Allerdings ist dies auch von der Art der Tat sowie von den Eigenschaften des Täters und des Opfers abhängig (Sessar, 1992). Man kann sich leicht vorstellen, dass ein reueloser Täter, der seine Tat geplant hat, beispielsweise andere Reaktionen beim Opfer hervorruft als ein Täter, der die Tat aus dem Affekt heraus begangen hat und diese offenkundig bereut. Viele Fragen sind hier jedoch noch ungeklärt und bedürfen weiterer Forschung.

> **Literaturempfehlungen**
>
> Greve, W., Hellmers, S., & Kappes, C. (2014). Viktimologie: Psychologische Aspekte der Opferforschung. In T. Bliesener, F. Lösel, & G. Köhnken (Hrsg.), *Lehrbuch der Rechtspsychologie*. Huber.
> Birkel, C., Church, D., Hummelsheim-Doss, D., Leitgöb-Guzy, N., & Oberwittler, D. (2017). *Der Deutsche Viktimisierungssurvey 2017 – Opfererfahrungen, kriminalitätsbezogene Einstellungen sowie die Wahrnehmung von Unsicherheit und Kriminalität in Deutschland*. Bundeskriminalamt.
>
> Psychische Hilfe für Opfer von Straftaten: https://www.youtube.com/watch?v=vwMx35ZSyDo.

Literatur

Allroggen, M., Rassenhofer, M., Witt, A., Plener, P. L., Brähler, E., & Fegert, J. M. (2016). Prävalenz sexueller Gewalt – Ergebnisse einer bevölkerungsbasierten Stich-probe. *Deutsches Ärzteblatt, 113,* 107–113. https://doi.org/10.3238/arztebl.2016.0107.

Baier, D. (2015). Viktimisierung von Kindern und Jugendlichen außerhalb des sozialen Nahraums. In N. Guzy, C. Birkel, & R. Mischkowitz (Hrsg.), *Viktimisierungsbefragungen in Deutschland. Band 1: Ziele, Nutzen und Forschungsstand*. Bundeskriminalamt.

Baier, D., & Kliem, S. (2019). Jugendliche als Opfer und Täter von Gewalt. *Public Health Forum, 27*(1), 15–17. https://doi.org/10.1515/pubhef-2018-0125.

Literatur

Behruzi, K. (2018). *Taterleben und Mitteilungsprozesse bei sexuellem Missbrauch von Kindern und Jugendlichen.* Nomos. https://doi.org/10.5771/9783845288925.

Birkel, C., Church, D., Hummelsheim-Doss, D., Leitgöb-Guzy, N., & Oberwittler, D. (2017). *Der Deutsche Viktimisierungssurvey 2017 – Opfererfahrungen, kriminalitätsbezogene Einstellungen sowie die Wahrnehmung von Unsicherheit und Kriminalität in Deutschland.* Bundeskriminalamt.

Boers, K. (2002). Furcht vor Gewaltkriminalität. In W. Heitmeyer & J. Hagan (Hrsg.), *Internationales Handbuch der Gewaltforschung.* Westdeutscher. https://doi.org/10.1007/978-3-322-80376-4_58.

Bohner, G., Reinhard, M.-A., Rutz, S., Sturm, S., Kerschbaum, B., & Effler, D. (1998). Rape myths as neutralizing cognitions: Evidence for a causal impact of anti-victim attitudes on men's self-reported likelihood of raping. *European Journal of Social Psychology, 28,* 257–268. https://doi.org/10.1002/(SICI)1099-0992(199803/04)28:2%3C257::AID-EJSP871%3E3.0.CO;2-1.

Bohner, G., Eyssel, F., Pina, A., Siebler, F., & Viki, G. T. (2009). Rape myth acceptance: Cognitive, affective, and behavioural effects of beliefs that blame the victim and exonerate the perpetrator. In M. A. H. Horvath & J. M. Brown (Hrsg.), *Rape: Challenging contemporary thinking* (S. 17–45). Willan.

Brandstädter, J., & Rothermund, K. (2002). The life course dynamics of goal pursuit and goal adjustment: A two-process framework. *Developmental Review, 22,* 117–150. https://doi.org/10.1006/drev.2001.0539.

Bundeskriminalamt. (Hrsg.). (2019). *Polizeiliche Kriminalstatistik.* Bundesrepublik Deutschland: Jahrbuch 2019, Band 2, Opfer 67. Ausgabe V1.0.

Carli, L. (1999). Cognitive reconstruction, hindsight, and reactions to victims and perpetrators. *Personality and Social Psychology Bulletin,* 966–979. https://doi.org/10.1177/01461672992511005.

Frommberger, U., Angenendt, J., & Berger, M. (2014). Posttraumatische Belastungsstörung – Eine diagnostische und therapeutische Herausforderung. *Deutsches Ärzteblatt International, 111*(5), 59–65.

Goodey, J. (2005). Victims and victimology. *Journal of Policy, Research and Practice.* Pearson Education.

Greve, W. (2005). Kriminalitätsfurcht im Lebenslauf. Entwicklungspsychologische Perspektiven auf ein unterschätztes Thema. In K.-P. Dahle & R. Volbert (Hrsg.), *Entwicklungspsychologische Aspekte der Rechtspsychologie* (S. 347–358). Hogrefe.

Greve, W., Hellmers, S., & Kappes, C. (2014). Viktimologie: Psychologische Aspekte der Opferforschung. In T. Bliesener, F. Lösel, & G. Köhnken (Hrsg.), *Lehrbuch der Rechtspsychologie.* Huber.

Harley, E. M. (2007). Hindsight bias in legal decision making. *Social Cognition, 24*(1), 48–63. https://doi.org/10.1521/soco.2007.25.1.48.

Horn, S. R., & Feder, A. (2018). Understanding resilience and preventing and treating PTSD. *Harvard Review of Psychiatry, 26*(3), 158–174. https://doi.org/10.1097/HRP.0000000000000194.

Krahé, B. (2011). Pornografiekonsum, sexuelle Skripts und sexuelle Aggression im Jugendalter. *Zeitschrift für Entwicklungspsychologie und Pädagogische Psychologie, 43,* 133–141. https://doi.org/10.1026/0049-8637/a000044.

Krahé, B., & Scheinberger-Olwig, R. (2002). *Sexuelle aggression.* Hogrefe.

Metzner, C. (2018). *Sekundäre Viktimisierung bei sexualisierter Gewalt. Strukturdynamiken und Präventionsansätze*. Inauguraldissertation zur Erlangung des Grades eines Doktors der Philosophie im Fachbereich Gesellschaftswissenschaften der Johann-Wolfgang-Goethe-Universität.

Montada, L. (1988). Die Bewältigung von „Schicksalsschlägen"–erlebte Ungerechtigkeit und wahrgenommene Verantwortlichkeit. *Schweizerische Zeitschrift für Psychologie, 47*, 203–216.

Nemeroff, C. B. (2016). Paradise lost: The neurobiological and clinical consequences of child abuse and neglect. *Neuron, 89*, 892–990. https://doi.org/10.1016/j.neuron.2016.01.019.

Norman, R. E., Byambaa, M., De, R., Butchart, A., Scott, J., Vos, T. (2012). The long-term health consequences of child physical abuse, emotional abuse, and neglect: A systematic review and meta-analysis. *Plos Medicin. Open Access*. https://doi.org/10.1371/journal.pmed.1001349.

Pfeiffer, C., Baier, D., & Kliem, S. (2018). *Zur Entwicklung der Gewalt in Deutschland. Schwerpunkte: Jugendliche und Flüchtlinge als Täter und Opfer*. ZHAW: Forschungsbericht, 2018.

Plener, P. L., Ignatius, A., Huber-Lang, M., & Fegert, J. M. (2017). Auswirkungen von Missbrauch, Misshandlung und Vernachlässigung im Kindesalter auf die psychische und physische Gesundheit im Erwachsenenalter. *Nervenheilkunde, 3*, 161–167. https://doi.org/10.1055/s-0038-1635151.

Schneider, H. J. (Hrsg.). (2007). *Grundlagen der Kriminologie*. de Gruyter Recht.

Schwind, H.-D. (2010). *Kriminologie. Eine praxisorientierte Einführung mit Beispielen*. Hüthig, Jehle, Rehm GmbH.

Sessar, K. (1992). *Wiedergutmachen oder strafen: Einstellungen in der Bevölkerung und der Justiz*. Centaurus.

Stadler, L., Bieneck, S., & Wetzels, P. (2012). Viktimisierung durch sexuellen Kindesmissbrauch: Befunde national-repräsentativer Dunkelfeldforschung zu Entwicklungstrends in Deutschland. *Praxis der Rechtspsychologie, (1)*.

Teicher, M. H., & Samson, J. A. (2016). Annual research review: Enduring neurobiological effects of childhood abuse and neglect. *Journal of Child Psychology and Psychiatry, 57*, 241–266. https://doi.org/10.1111/jcpp.12507.

Terr, L. C. (1991). Childhood traumas: An outline and over-view. *American Journal of Psychiatry, 148*, 10–20. https://doi.org/10.1007/978-1-4899-1034-9_18.

Treibel, A., Dölling, D., & Hermann, D. (2017). Determinanten des Anzeigeverhaltens nach Straftaten gegen die sexuelle Selbstbestimmung. *Forensische Psychiatrie, Psychologie, Kriminologie, 11*, 355–363. https://doi.org/10.1007/s11757-017-0438-z.

Von Hentig, H. (1967). *Studies in the sociabiology of crime*. Archon Books (Erstveröffentlichung 1948).

11 Familienpsychologische Begutachtung – Du kriegst die Kinder nicht!

Der Verbleib der Kinder und der Umgang mit den Kindern ist bei Trennungen und Scheidungen häufig kein einfaches Thema. 2019 lag die Scheidungsrate in Deutschland bei 35,8 %[1]. Es kam damit etwa eine Scheidung auf drei Eheschließungen. Die Scheidungsraten von Ehen mit minderjährigen Kindern sind von 1960 bis 2004 deutlich angestiegen. Seither ist der Trend leicht rückläufig (Deutscher Bundestag, 2018). 2019 gab es in Deutschland rund 74.700 Ehescheidungen mit minderjährigen Kindern innerhalb der betroffenen Familien[2]. Bei etwa 2/3 aller Trennungen schaffen es die Beteiligten, die Kontakte zu den Kindern selbst zu regeln (Walpner et al., 2013). Gelingt dies nicht, wird das Familiengericht eingeschaltet. Bei den meisten Fällen wird innerhalb von einem Jahr eine Lösung gefunden. Lediglich etwa 1/5 der Fälle, die dem Familiengericht zugeführt werden, konnten nach einem Jahr noch nicht geklärt werden (ebd.). Zur Unterstützung kann das Gericht ein psychologisches Gutachten in Auftrag geben (vgl. Arbeitsgruppe Familienrechtliche Gutachten, 2019). Die Fragen an psychologische Gutachterinnen in familienrechtlichen Verfahren sind äußerst vielfältig und sehr komplex. Dies wird schnell deutlich, wenn man sich die Liste von typischen Fragen im Rahmen von Begutachtungen in kindschaftsrechtlichen Fragen ansieht (ebd.):

- Fragen zur elterlichen Sorge bei Trennung und Scheidung und bei nicht miteinander verheirateten Eltern ohne Sorgerechtserklärung

---

[1] https://de.statista.com/statistik/daten/studie/76211/umfrage/scheidungsquote-von-1960-bis-2008/

[2] https://de.statista.com/statistik/daten/studie/485348/umfrage/ehescheidungen-mit-und-ohne-minderjaehrige-kinder-in-deutschland/

- Fragen des Beziehungserhalts des Kindes zum getrenntlebenden Elternteil (Umgangsregelung)
- Fragen zu Umgangsregelungen mit Beziehungs- und Bindungspersonen des Kindes sowie zum leiblichen, nicht rechtlichen Vater des Kindes
- Fragen zu einer Kindeswohlgefährdung (Sorgerechtsentzug der Eltern sowie Herausnahme bzw. Rückführung des Kindes)
- Besondere Fragestellungen wie Verfahren mit internationalen Bezügen, Adoption, Namensänderung, Schwangerschaftsabbruch bei Minderjährigen, Unterbringung von Kindern und Jugendlichen

Elterliche Sorge
Besteht das gemeinsame Sorgerecht, bleibt dies auch nach Trennung und Scheidung erhalten. Der Elternteil, bei dem das Kind lebt, entscheidet gewöhnlich über alltägliche Angelegenheiten, die sich eher nicht auf die generelle Entwicklung des Kindes auswirken, während der andere bei Entscheidungen, die das Kind nachhaltig beeinflussen können, mit einbezogen werden muss (Balloff, 2018). Da das Elternrecht verfassungsrechtlich geschützt ist, darf nur eine gerichtliche Regelung im Sinne einer Aufhebung der gemeinsamen Sorge getroffen werden, wenn entweder beide Elternteile zustimmen (es sei denn, das Kind ist über 14 Jahre alt und widerspricht) oder wenn zu erwarten ist, dass die Aufhebung der gemeinsamen Sorge und die Übertragung auf lediglich einen Elternteil dem Wohl des Kindes am besten entspricht[3]. Neben dem Wohl des Kindes wird ab dem 3. oder 4. Lebensjahr hierbei auch der Wille des Kindes berücksichtigt.

Schwierig wird es, wenn die Eltern sich in einer starken Konfliktdynamik befinden und nicht mehr in der Lage sind, ruhig miteinander zu sprechen und über Belange des Kindes zu entscheiden. In hochstrittigen und konflikthaften Partnerschaften können im Rahmen der Trennungssituation die gemeinsamen Kinder dazu genutzt werden, sich an der bzw. dem „Verflossenen" zu rächen (Dietrich et al., 2010; Weber, 2013). Es wird gedroht, der andere dürfe das Kind nicht sehen, oder es wird gefordert, der- oder diejenige, bei dem das Kind nicht lebt, solle sich gefälligst aus allem raushalten. Bei solchen hochkonflikthaften Trennungen ist der Kommunikationsstil häufig destruktiv (Bröning, 2009). Beide reagieren äußerst empfindlich auf die Äußerungen des anderen und weisen sich gegenseitig die Schuld zu (Dietrich & Paul, 2006). In der Regel geht es dabei nicht um das Kind, um das oft heftig gekämpft wird, sondern um Kränkungen oder andere unbewältigte Konflikte innerhalb der Beziehung (Alberstötter, 2006).

---

[3] § 1671 BGB.

Vielen Eltern gelingt es in solchen Trennungssituationen nicht, die eigenen Themen von den Fragen, die das Kind betreffen, zu trennen (Bröning, 2009). Ohne Einwirken von außen ist in solchen Fällen in der Regel keine Einigung möglich, weshalb das Familiengericht häufig mit diesen Fällen befasst ist. Es wurde hierzu bereits wiederholt entschieden, dass sich die gemeinsame Sorge bei Trennung der Eltern nur aufrechterhalten lässt, wenn bei den Eltern eine Mindestkonsens- und Kooperationsfähigkeit besteht (u. a. BGH, Beschluss vom 29.04.2020). Eine Aufhebung der gemeinsamen Sorge erfolgt jedoch auch in sehr konfliktbehafteten Fällen in der Regel nur dann, wenn Eltern trotz außergerichtlicher Interventionen (z. B. Familientherapie, Mediation) nicht zu einem Einvernehmen im Interesse des Kindes gelangen.

Vorgehen in der Begutachtung
Im Gegensatz zu anderen rechtspsychologischen Bereichen kann es im Familienrecht vorkommen, dass der Gutachtenauftrag die Aufgabe enthält, „auch auf die Herstellung des Einvernehmens zwischen den Beteiligten[4]" hinzuwirken. Ziel ist es, eine konfliktfreie Lösung in der Elternschaft zum Wohle des Kindes zu finden. Das Vorgehen in der Begutachtung wird von einigen Autoren und Autorinnen als „lösungsorientiert" bezeichnet (z. B. Balloff, 2014). Der/die Gutachter/in richtet sein/ihr Handeln stets am Verlauf des Prozesses aus und greift bei Bedarf modifizierend ein (Pfundmair, 2020). Bei Fragen der elterlichen Sorge erfolgt eine am jeweiligen Einzelfall orientierte zweistufige Prüfung, die das Hauptziel der Erhaltung bzw. Herstellung des Kindeswohls verfolgt. Insofern gilt es zunächst zu klären, ob das Aufheben der gemeinsamen elterlichen Sorge dem Wohle des Kindes entspricht. Dazu wird in der Begutachtung die Kooperationsfähigkeit sowie -bereitschaft der Beteiligten betrachtet. Insbesondere bei mangelnden Kompetenzen z. B. der Konfliktlösefähigkeit ist zu prüfen, ob diese grundsätzlich noch veränderbar sind oder ob bereits eine Ebene erreicht wurde, auf der auch lösungsorientierte Ansätze bspw. aufgrund fehlender Ressourcen ihre Wirkung verfehlen würden. Sollte die Prognose ungünstig ausfallen, kann vor dem Hintergrund einer Gefährdung des Kindeswohls zu der Aufhebung der gemeinsamen elterlichen Sorge geraten werden (Pfundmair, 2020). Andernfalls wird die elterliche Sorge aufgeteilt, wobei sich bei der Aufteilung meist an dem Dominanzmodell orientiert wird. Das Kind lebt in diesem Fall überwiegend bei einem Elternteil. Die Beziehung zum anderen Elternteil wird durch Besuche aufrechterhalten. Bei dem Wechselmodell ist die Zeit, die das Kind bei den jeweiligen Elternteilen verbringt, nach Möglichkeit gleich aufgeteilt (Fichtner & Salzgeber, 2006). Gibt es

---
[4] § 163 Abs. 2 FamFG.

Hinweise darauf, dass der gemeinsame Erhalt des Sorgerechts nicht dem Kindeswohl dienlich wäre, muss auf der zweiten Prüfebene der Frage nachgegangen werden, ob die Übertragung des alleinigen Sorgerechts auf ein Elternteil dem Wohle des Kindes am besten gerecht wird. In diesem Fall muss gutachterlich geklärt werden, welcher der beiden Elternteile für die Ausübung der alleinigen elterlichen Sorge geeignet wäre. Hierzu werden die Elternteile hinsichtlich ihrer Kooperationsfähigkeiten und -bereitschaften miteinander verglichen. Zusätzlich wird geprüft, welcher Elternteil die Kriterien zur Sicherung des Kindeswohls erfüllen kann. Zentral für die Entscheidungsfindung ist hier die jeweilige Erziehungsfähigkeit der Elternteile. Dazu zählt u. a. die Fähigkeit des Elternteils, dem Kind Beziehungen zu anderen wichtigen Bezugspersonen zu gewähren, die eine möglichst optimale Entwicklung begünstigen (Pfundmair, 2020). Sollte nach der Überprüfung des/der Sachverständigen keiner der Elternteile als geeignet für die Übernahme der elterlichen Sorge hervorgehen, wird in einem nächsten Schritt in der Regel die Kindeswohlgefährdung überprüft, worauf weiter unten nochmals genauer eingegangen wird. Methodisch werden in der Begutachtung neben ausführlichen Gesprächen mit den Beteiligten und ggf. psychologischen Tests auch standardisierte Interaktionsbeobachtungen durchgeführt (vgl. Balloff, 2018; Salzgeber, 2020; Zumbach et al., 2020).

Umgangsregelungen
Zusätzlich zur Thematik der elterlichen Sorge ergeben sich nach einer Trennung häufig auch Fragen bezüglich der Umgangsregelungen, also der Häufigkeit und Dauer des Umgangs sowie der Gestaltung der Kontakte. Grundsätzlich hat das Kind das Recht auf Umgang mit beiden Elternteilen. Sollte ein allein sorgeberechtigter Elternteil grundlos den Umgang des anderen Elternteils mit dem Kind verweigern, so kann laut einer Entscheidung des OLG Köln aus 2017 diesem Elternteil die elterliche Sorge für die Zeit des Umgangs entzogen und auf einen Ergänzungspfleger übertragen werden[5]. Auch die Rechte der leiblichen Väter sind nach neuem Recht gestärkt. Wenn ein Vater nicht mit der Mutter verheiratet war und keine Beziehung zu dem Kind aufgebaut hat und wenn die Mutter bereits mit einem anderen Mann verheiratet ist, der eine Vaterfunktion für das Kind hat, kann der leibliche Vater inzwischen trotzdem sein Umgangsrecht geltend machen. Früher war das fast unmöglich (Gesetz zur Stärkung des leiblichen, nicht rechtlichen Vaters von 2013[6]). In der Praxis geht es aber oftmals nicht um bestimmte

---

[5] https://www.justiz.nrw.de/nrwe/olgs/koeln/j2017/25_UF_83_17_Beschluss_20170825.html

[6] https://www.bmjv.de/SharedDocs/Downloads/DE/PDF/Themenseiten/FamilieUndPartnerschaft/Gesetz_Staerkung_Rechte_leiblichen_Vaters.pdf?__blob=publicationFile&v=3

Spezialfälle oder spezifische Lebensformen, sondern um „banale" Streitigkeiten in Bezug auf bestimmte Sachverhalte der Umgangsmodalitäten. In dem nachfolgenden Kasten ist ein Streit zwischen zwei Eltern dargestellt, der deutlich macht, auf welchem Niveau sich bei Partnerschaften Konflikte gestalten, die dann vor Gericht landen (KG Berlin, 2017[7]).

> **Fallbeispiel Streit zwischen zwei Eltern (Kammergericht Berlin, 2017)**
> Die Eltern sind seit November 2016 geschieden. Aus ihrer Ehe sind zwei Söhne (heute 9 und 7) hervorgegangen. Die Eltern haben die gemeinsame elterliche Sorge. Die Kinder leben bei der Mutter. Die Situation zwischen den Eltern ist sehr angespannt. Es kam bereits zu mehreren zivil- und strafrechtlichen Verfahren mit wechselseitiger Beschuldigung.
> Am 3. Juli 2015 haben die Eltern in einem Verfahren vor dem Amtsgericht eine umfangreiche Regelung des Umgangs zwischen dem Vater und seinen beiden Söhnen getroffen; dem Vater steht danach ein erweiterter Umgang zu. Im Dezember 2015 haben die Eltern die Regelungen in einem Umgangsverfahren näher konkretisiert und in einer Umgangsvereinbarung u. a. Folgendes festgelegt:
> „Die Kindesmutter ist verpflichtet, dafür Sorge zu tragen, dass eine Tasche mit Wechselbekleidung zu Beginn der Wintersaison mit Winterkleidung, zu Beginn der Frühjahrssaison mit Frühlingsbekleidung und zu Beginn der Sommersaison mit Sommerkleidung jedes Jahr in der Zahnarztpraxis des Kindesvaters abgegeben wird. Der Kindesvater kann diese Bekleidung für die gesamte Saison behalten.
> [...]
> Die Bekleidung für die Frühlingssaison wird immer in der letzten Märzwoche in der Zahnarztpraxis abgegeben. Die Bekleidung in der Sommersaison wird immer in der letzten Maiwoche in der Zahnarztpraxis abgegeben. Die Bekleidung für die Herbstsaison wird in der letzten Augustwoche in der Zahnarztpraxis abgegeben. Die Bekleidung für die Wintersaison ist ab 2016 in der letzten Oktoberwoche in der Zahnarztpraxis abzugeben.
> Die jeweilige Tasche soll vier Hosen, vier Oberteile, vier T-Shirts, fünfmal Unterwäsche und Strümpfe je Kind beinhalten. Die Bekleidung soll saisonentsprechend sein. Sofern der Kindesvater mit den Kindern zu

---

[7] https://openjur.de/u/2254427.html

einem besonderen Anlass oder zu einer anderen Örtlichkeit gehen möchte und insoweit entsprechendes Schuhwerk benötigt, hat er dieses per Mail der Kindesmutter frühzeitig mitzuteilen. Die Kindesmutter wird dieses Schuhwerk den Kindern für das Wochenende mitgeben. Der Kindesvater verpflichtet sich, dieses Schuhwerk den Kindern wieder mitzugeben. Die Tasche ist für die Wintersaison mit einer Mütze, einem Schal und Handschuhen pro Kind zu bestücken.
[…]"

Zudem wurde festgehalten, dass die Mutter verpflichtet ist, die Kinder zu den einzelnen Umgangsterminen zusätzlich mit einer kompletten Tennisausrüstung auszustatten.

Bereits eine Woche nach Abschluss der Vereinbarung soll die Mutter dem nicht nachgekommen sein. Von Dezember 2015 bis Mai 2016 sei es zu diversen Zuwiderhandlungen gekommen, weshalb der Vater Ordnungsgeldanträge gegen die Mutter gestellt hat. Im August 2016 wurden die vom Familiengericht gegen die Mutter verhängten Ordnungsgelder aufgehoben und der Antrag des Vaters auf weitere Ordnungsgelder zurückgewiesen. Da die Familie über gute wirtschaftliche Mittel verfügte, legte der Senat den Eltern nahe, zu prüfen, ob nicht eine zweite Tennisausstattung angeschafft werden und beim Vater verbleiben könne. Das Angebot der Mutter, die bei ihr deponierten Tennissachen sollten zukünftig bei ihm verbleiben, damit der Streit beendet wird, schlug der Vater aus. Nach dem Verfahren kam es zu diversen weiteren Konflikten, u. a. da die Mutter sich nun weigerte, die Saisonbekleidung zu übergeben. Ihrer Ansicht nach nutze der Vater die Übergaben, um sie zu schikanieren. Erneut musste sich das Gericht mit der Angelegenheit befassen und entschied hier, dass letztere Vorwürfe der Mutter haltlos waren.

Es ist offensichtlich, dass dieser Streit geradezu absurde Züge aufweist und sicherlich für die Entwicklung der Kinder sowie die Beziehung zu den Kindern kaum positive Aspekte haben dürfte. Die strittige Beziehung zwischen den Eltern scheint wechselseitig so verfahren und emotional aufgeladen zu sein, dass zum Wohle der Kinder keine vorbildhafte Problemlösung gefunden werden kann. Selbstverständlich kann in der Kürze keine einfache oder monokausale Schuldzuschreibung an einen der beiden Elternteile erfolgen. Beim Lesen des Beispiels kann jedoch durchaus Fassungslosigkeit und Fremdscham entstehen. Letztendlich braucht man für die Konfliktbeilegung eben auch zwei Eltern, die zum Wohle des Kindes ihre Gefühle und ihr Verhalten regulieren können. Ein Elternteil reicht da oft nicht aus. Es kann bei der emotionalen Aufladung mit hohem Kränkungspotenzial zu sehr befremdlichen Situationen kommen, die vom Familiengericht verhandelt werden müssen.

Ein (zeitlich befristeter) Umgangsausschluss zu einem leiblichen Elternteil wird in der Regel nur dann beschlossen, wenn von einer Gefährdung der seelischen oder körperlichen Entwicklung des Kindes durch den Umgangskontakt ausgegangen werden muss. Das kann beispielhaft über eine akute psychische Erkrankung des Elternteils (z. B. eine akute Psychose) oder über eine sehr hohe elterliche Konfliktdynamik begründet sein, sofern sich hieraus anhaltende oder wiederholte starke Verunsicherungen des Kindes (z. B. bei den Übergaben) ergeben[8]. Ob ein Umgang dem Wohl des Kindes entspricht, ist mitunter nicht leicht zu entscheiden. Es werden dazu verschiedene Faktoren betrachtet, wie z. B. das Konfliktniveau zwischen den Eltern (u. a. Stett, 2009; Zimmermann & Neumann, 2011), die Bereitschaft und Fähigkeit des getrenntlebenden Elternteils zur kindgemäßen Kontaktgestaltung und die vom Kind wahrgenommene Verbundenheit mit dem getrenntlebenden Elternteil (vgl. Balloff, 2013; Zumbach et al., 2020). Fällt das Ergebnis der Prüfung negativ aus, muss immer zunächst geprüft werden, ob z. B. ein begleiteter Umgang die Gefährdung eliminieren kann[9]. Auch sollten Kontakte mit den Großeltern, den Geschwistern und anderen Bezugspersonen erhalten werden, wenn diese tatsächliche Verantwortung für das Kind tragen oder getragen haben und eine tragfähige sowie bedeutsame Beziehung zum Kind besteht[10]. Geschwister können sich beispielsweise gegenseitig Halt geben und erlebte Frustrationen und Enttäuschungen gemeinsam bewältigen. In diesem Fall wäre eine Geschwisterbindung ein protektiver Faktor in der Entwicklung des Kindes (Walser, 2007).

Vorgehen in der Begutachtung
Begutachtungen zu Fragen des Umgangs sind, wie im Falle der elterlichen Sorge auch, immer am Einzelfall zu prüfen und auf diesen anzuwenden. Aufgrund vieler Befunde zu negativen Auswirkungen fehlender Umgangskontakte (Brisch & Hellbrügge, 2018; z. B. Kelly & Lamb, 2000; Friedrich et al., 2004) wird der Klärung der Umgangsregelung ein hoher Stellenwert in familienrechtspsychologischen Verfahren beigemessen. In der Praxis müssen in der Begutachtung insbesondere die Auswirkungen von (fehlenden) Umgangskontakten auf das Kind mit Hinblick auf die im Einzelfall vorhandenen Ressourcen bewertet werden. Gleichzeitig ist

---

[8] OLG Bremen, Beschl. v. 21.11.2017 – 5 UF 81/16.
[9] § 1684 BGB.
[10] § 1685 BGB.

hierbei der Wille des Kindes zu berücksichtigen. Dieser ist nur dann nicht mit in die Entscheidung einzubeziehen, wenn hierdurch das Kindeswohl gefährdet würde (Dettenborn, 2021). Neben den Ressourcen des Kindes sind ebenso die Fähigkeiten und Ressourcen der Kontaktpersonen, mit denen in der Regel ein regelmäßiger Umgang besteht, zu prüfen. So können sich in „Patchworkfamilien" Dynamiken entwickeln, die dem Kind den Eindruck vermitteln, dass das von ihm getrennt lebende Elternteil sich nur noch für die bei ihm lebenden Kinder interessiert, wodurch die Beziehung zu diesem Elternteil durch das Kind eine negative Bewertung erfahren kann. Folge hiervon können u. a. Störungen im emotionalen Erleben sein (Pfundmair, 2020). In der Begutachtung kann bei Bedarf und entsprechender Beauftragung durch das Gericht intervenierend vorgegangen werden. Im Rahmen eines „lösungsorientieren Vorgehens" kann mit Hilfe einer entsprechenden Aufklärung der Beteiligten über ihre Verhaltensweisen und die daraus entstehenden möglichen Folgen für das Kind gesorgt werden. Ist nicht davon auszugehen, dass diese Modifizierungen zu einer Verbesserung führen, und ergibt sich aus der Begutachtung, dass das Kind z. B. emotionale Schäden bei fortbestehendem Umgang davontragen kann, ist ein Ausschluss des Umgangs in Betracht zu ziehen. Gleiches gilt für Fälle, in denen das Kindeswohl z. B. durch sexuelle Übergriffe bzw. Misshandlungen gefährdet wird. Oft lehnen die Kinder in solchen Fällen den Umgang von selbst ab. Sollte das jedoch nicht der Fall sein, muss der/die Gutachter/in die Motivation des trotz bspw. erfahrener Gewalt weiterbestehenden Wunsches nach Umgang prüfen. Es gilt allerdings zu beachten, dass lediglich bei der Bestätigung von Misshandlungen Personen von dem Umgang mit dem Kind ausgeschlossen werden dürfen. Liegt lediglich ein Verdacht hierauf vor, muss u. U. ein aussagepsychologisches Gutachten zur Klärung herangezogen werden (ebd.).

Kindeswohlgefährdung
Neben den Fragen zur elterlichen Sorge und zum Umgang werden rechtspsychologische Gutachten ebenfalls vom Gericht angefordert, wenn befürchtet wird, dass das Wohl des Kindes durch seine momentane Situation gefährdet ist. Der Begriff des Kindeswohls ist jedoch nicht klar definiert. Man versteht im Allgemeinen darunter eine für die Persönlichkeitsentwicklung eines Kindes oder Jugendlichen günstige Relation zwischen seiner Bedürfnislage und seinen Lebensbedingungen (Dettenborn & Walter, 2016). Je nach Alter haben Kinder unterschiedliche Bedürfnisse, um sich gut entwickeln zu können. In Deutschland wird gemeinhin auf Dettenborn und Walter (2016) Bezug genommen, um wichtige Aspekte des Kindeswohls zu bestimmen.

Kindeswohldienlich sind nach demnach:

- die körperliche Zufriedenheit (d. h. ausreichend Nahrung, Wärme, Schlafplatz)
- der Erhalt von Pflege
- die gesundheitliche Versorgung
- eine (geordnete) Bindung des Kindes zu mindestens einer festen Bezugsperson
- ein Zugehörigkeitsgefühl
- der Zugang zu Wissen und Bildung

In der Schweiz werden ähnliche Aspekte benannt (Hauri & Zingaro, 2020):

- beständige liebevolle Beziehungen
- körperliche Unversehrtheit, Sicherheit, Regulation (z. B. Schreien, Schlafen, Füttern, Selbstberuhigung)
- Erfahrungen, die die individuelle Persönlichkeit des Kindes berücksichtigen
- Erfahrungen, die dem jeweiligen Entwicklungsstand des Kindes angemessen sind
- Grenzen und Strukturen
- stabile, unterstützende Gemeinschaften und kulturelle Kontinuität
- eine Zukunftsperspektive

Dabei ist der jeweilige Entwicklungsstand des Kindes entscheidend. Für jüngere Kinder ist es z. B. wichtig, kontinuierlich von einer oder wenigen Bezugspersonen betreut zu werden. Dies unterstützt den Aufbau und Erhalt von Bindungen auf der Seite des Kindes. Für ältere Kinder, welche bereits Bindungen aufgebaut und gefestigt haben und die sich im weiteren Entwicklungsverlauf von den Eltern zunehmend lösen, gewinnt dagegen der Erhalt der Umgebung wie Freunde und Hobbies zunehmend an Bedeutung. Daneben wird der Wohnort im Laufe der Jahre zu einem Teil der eigenen Identität, so dass es Kindern ab der Pubertät in der Regel zunehmend schwerfällt, den Wohnort zu wechseln (Dettenborn & Walter, 2016).

Die Entwicklung des Kindes ist wesentlich von den Fähigkeiten der Eltern abhängig, auf die genannten Bedürfnisse des Kindes eingehen zu können (Salzgeber, 2020). Aus diesem Grund wird auf der Seite der Eltern die Erziehungsfähigkeit betrachtet. Dabei wird analysiert, ob und in welchem Ausmaß ein Elternteil in der Lage ist, die grundlegende Versorgung des Kindes sicherzustellen (Nienstedt & Westermann, 2007). Dazu gehört v. a., dass Eltern das Bedürfnis des Kindes nach Nahrung, Hygiene, Gesundheitsfürsorge, Wohnung,

Schutz vor Gefahren, Förderung, Schulbesuch, Bildung und Ausbildung wahrnehmen und angemessen darauf eingehen können. Beispielhaft bedürfen Kinder im Alltag erzieherische Lenkung und Begrenzung, um vor Gefahren geschützt zu werden, aber auch um leistungsfähig und stark werden zu können. Neben der Vernachlässigung der Grundbedürfnisse des Kindes gehört z. B. auch die Aufhetzung des Kindes gegen den anderen Elternteil oder die Unterbindung der Besuchskontakte zu einer mangelnden Erziehungskompetenz (Salzgeber, 2020). Der Begriff der Erziehungsfähigkeit ist jedoch nicht einheitlich definiert (Zumbach & Oster, 2020). Auch stellt jedes Kind unterschiedliche Anforderungen an die Erziehung im Alltag, so dass eine „Passung" bzw. das „Anpassen" des Erziehungsverhaltens an die individuellen Bedürfnisse des Kindes bedeutsam ist. Es ist daher möglich, dass ein Elternteil für ein Kind erziehungsfähig ist und für ein anderes nicht. Beispielhaft stellt ein Kind mit einem sehr ruhigen Temperament, welches gut entwickelt ist und sich gut im Alltag anleiten lässt, geringere Ansprüche an die betreuende Person. Ein Kind, welches einen erhöhten Förder- und Pflegebedarf zeigt, wird erhöhte Ansprüche an seine Eltern stellen (Salzgeber, 2020; Cierpka & Cierpka, 2014; Tschöpe-Scheffler, 2013).

Kriterien der Kindeswohlgefährdung (Kindler, 2018. Mit freundlicher Genehmigung der Nomos Verlagsgesellschaft mbH & Co. KG)
Kindbezogen
    Personale Dispositionen sowie psychische und Verhaltensauffälligkeiten
    Beziehungs- und Bindungsmerkmale
    Angaben und Wille des Kindes
    Kontinuitätsprinzip (Fortbestehen einer vertrauten Lebenswelt)

Elternbezogen
    Personale Dispositionen
    Elterliche Erziehungsfähigkeit
    Förderungsfähigkeit und Förderungsbereitschaft
    Kooperations- und Kommunikationsfähigkeit und -bereitschaft
    Veränderungsfähigkeit und Veränderungsbereitschaft

Eine Gefährdung des Kindeswohls liegt vor, wenn die Gefahr besteht, dass bei gleichbleibenden Bedingungen eine erhebliche Schädigung des geistigen oder leiblichen Wohls des Kindes mit hinreichender Sicherheit zu erwarten ist[11]. Je

---

[11] § 1666 BGB.

schwerwiegender der drohende Schaden ist, desto niedriger darf die prognostische Wahrscheinlichkeit sein, mit der eine Kindeswohlgefährdung zu bejahen ist[12]. Wichtig ist bei der Beurteilung einer Kindeswohlgefährdung, dass es nicht um optimale Entwicklungsbedingungen geht, sondern um die Abwendung einer Schädigung. Kindeswohlgefährdung kann dabei ganz unterschiedlich aussehen. Am häufigsten finden sich bei den bekannt gewordenen Fällen (Hellfeld) Vernachlässigungen, gefolgt von seelischen Misshandlungen und Streit um das Kind als Objekt von Erwachsenenkonflikten (z. B. bei Trennung der Eltern). Weitere Kindeswohlgefährdungen sind körperliche Misshandlungen, Ablöse- und Autonomiekonflikte und sexueller Missbrauch (Münder et al., 2017). Im Jahr 2020[13] wurden bei fast 60.600 Kindern und Jugendlichen eine Kindeswohlgefährdung festgestellt, etwa 9 % mehr als 2019 (ca. 5000 Fälle). Bereits in den beiden Jahren zuvor war die Kindeswohlgefährdung um jeweils 10 % gestiegen. Jedes zweite gefährdete Kind war jünger als 8, jedes dritte jünger als 5 Jahre. Zum einen könnte man vermuten, dass die Menschen zunehmend sensibilisiert sind und Kindesschutzgefährdungen früher melden. Zum anderen könnte in 2020 auch Corona und die damit verbundene Familienzeit sowie eine höhere psychosoziale Belastung eine Rolle gespielt haben. Es könnte jedoch auch sein, dass durch die Kindergarten- und Schulschließungen ein Teil der Fälle gar nicht entdeckt wurden. 58 % der Fälle waren Vernachlässigungen, 34 % zeigten Hinweise auf psychische Misshandlungen, 26 % auf körperliche Misshandlungen und 5 % auf sexuelle Gewalt.

Unter seelischer Misshandlung versteht man z. B. feinselige Ablehnung, Isolation, Verweigerung emotionaler Responsivität und massive Überforderungen (siehe hierzu auch Deegener & Körner, 2011). Unter solchen Bedingungen aufzuwachsen, bleibt nicht ohne Folgen. Es können psychopathologische Auffälligkeiten, soziale und emotionale Beeinträchtigungen sowie Veränderungen der Hirnstrukturen und Hirnfunktionen entstehen (Remschmidt, 2019). Sofern sich Gefahren für die kindliche Entwicklung abzeichnen, sind immer zunächst niedrigschwellige Interventionen zu empfehlen. Das können ambulante Erziehungshilfen oder auch stationäre Angebote sein. Wenn niederschwellige Hilfen die Gefährdungsmomente nicht ausreichend abwenden können, kommt es im Extremfall zur Herausnahme des Kindes aus der Familie. Das Kind kommt dann entweder in eine stationäre Jugendhilfeeinrichtung oder in eine (Kurzzeit-) Pflegefamilie.

---

[12] BGH XII ZB 408/18.
[13] https://www.destatis.de/DE/Presse/Pressemitteilungen/2021/07/PD21_350_225.html;jsessionid=8760421B869C890BE212B3152698EB6E.live722

Es gilt dabei abzuwägen, welche Entscheidung weniger negative Konsequenzen für das Kind hat (Alle, 2012; Zumbach et al., 2020). Da Kinder in der Regel alleine aufgrund ihrer bisherigen Erziehungs- und Beziehungserfahrungen im Alltag Bindungen an ihre Eltern herausbilden, bestehen solche auch dann, wenn es zu derartigen Gefährdungsmomenten durch die Eltern gekommen ist. Sofern eine Kindeswohlgefährdung besteht, das Kind aber aufgrund seiner bisherigen Beziehungs- und Erziehungserfahrungen den Wunsch nach Verbleib bei seinen Eltern oder aber zumindest Erhalt von Umgangskontakt äußert, können sich der Kindeswille und das Kindeswohl widersprechen (Dettenborn, 2021). In einem solchen Fall muss dann abgewogen werden, welche Konsequenzen es hat, wenn gegen den Willen des Kindes entschieden wird. Beispielsweise wird es kaum möglich sein, ein 13-jähriges Kind gegen seinen Willen in einer stationären Jugendhilfeeinrichtung unterzubringen, wenn das Kind droht, dann fortzulaufen oder sogar bereits mehrfach fortgelaufen ist.

Bei einer Kindeswohlgefährdung ist die Alternative zu einer Aufnahme in einer stationären Einrichtung der Jugendhilfe die Unterbringung in einer Pflegefamilie. Es gibt verschiedene Haltungen bezüglich des Konzepts der Pflegefamilie: Auf der einen Seite wird die Pflegefamilie als striktes Ersatzfamilienkonzept gesehen, dass den zum Teil traumatisierenden Beziehungen zu den leiblichen Eltern entwicklungsfördernde Beziehungen entgegenstellen soll. Kontakte zwischen den Eltern und dem Kind sind deutlich reduziert bzw. werden ganz unterbunden (Stiftung zum Wohl des Pflegekindes, 2009, S. 22). Der Gedanke dahinter ist, dass ein Kind keine Notwendigkeit erkennt, sich auf eine neue Bindungsperson einzulassen, wenn es ständig auf die leiblichen Eltern trifft, v. a. wenn es sich um ältere Kinder handelt. Die andere (und aus heutiger Sicht zutreffendere) Position besagt, dass es zwischen Eltern und Pflegefamilie eine geteilte Elternschaft gibt und die leiblichen Eltern weiterhin Kontakt zu den Kindern haben sollten. Neuere Studien weisen darauf hin, dass unabhängig von der Qualität der Bindungsbeziehung die Aufrechterhaltung von Kontakt zu den Eltern nach Inobhutnahme das Sicherheitserleben des Kindes erhöhen können. Das Kind kann sich dann offenbar auch besser auf alternative Beziehungsangebote einlassen (vgl. Bovenschen & Spangler, 2014). Auch scheint regelmäßiger Kontakt zur leiblichen Mutter depressive Symptome und externalisierendes Verhalten zu reduzieren (McWhey et al., 2010). Ein gänzlicher Ausschluss des Umgangs lässt sich in der Regel nur begründen, wenn das Kind aufgrund traumatischer Erlebnisse mit dem Elternteil bei Konfrontation mit Retraumatisierung reagiert. Normalerweise freuen sich Kinder auf den Kontakt und wünschen sich mehr Kontakt, als sie erhalten. Gleichzeitig sind sie durch den Kontakt üblicherweise durcheinander (Sinclair, 2005). Lohnenswert erscheinen Ansätze, bei denen die biologischen Eltern vor den Besuchskontakten ein Coaching erhalten, um den Kontakt zu verbessern und so den emotionalen Stress für die Kinder zu verringern (Haight et al., 2005). Ein negativer Effekt des Trainings war allerdings, dass die Mütter sich ihrer eigenen Gefühle bewusster wurden und dadurch die Trennungssituationen als belastender erlebten.

Eine Inobhutnahme und die Installation von stationären Hilfen versteht man als Hilfen zur Erziehung. Daher sieht das Gesetz vor, die Herkunftsfamilien im Hinblick auf die belastenden Problemsituationen zu unterstützen, so dass das Kind innerhalb eines vertretbaren Zeitraums in die Herkunftsfamilie zurückkehren kann. Das gelingt in solchen Fällen gut, in denen ein akuter Unterstützungsbedarf besteht, z. B. aufgrund einer Erkrankung eines Elternteils. Die Eltern erhalten dann z. B. über die stationäre Hilfe Entlastung, um sich ihrer eigenen Gesundheitsfürsorge zuwenden und nach Stabilisierung ihres Gesundheitszustandes wieder für ihre Kinder die Erziehungsverantwortung tragen zu können. Die Forschung zeigt jedoch, dass nur wenige Kinder aus einer Vollzeitpflege innerhalb eines vertretbaren Zeitraumes zurückgeführt werden: Bei allen Ende des Jahres 2014 bestehenden Pflegeverhältnisse für minderjährige Kinder (knapp 66.000) erfolgte lediglich in knapp 5 % der Fälle eine Rückführung in die Herkunftsfamilie. Die Mehrzahl der Kinder lebt auch nach Beendigung einer Vollzeitpflege weiterhin in einer Pflegefamilie, in einem Heim, bei Verwandten oder in einer sonstigen Wohnform (Scheiwe et al., 2016). Beim Thema Kindeswohlgefährdung schließt sich der Kreis zu unseren vorherigen Themen. Es gibt Studien, die zeigen, dass Misshandlung und Vernachlässigung das Risiko späterer Delinquenz (zumindest bei Jungen) erhöhen (Ryan & Testa, 2005).

Vorgehen in der Begutachtung
Das praktische Vorgehen in der Begutachtung zu Fragen der Kindeswohlgefährdung ist dem zur elterlichen Sorge sowie zum Umgang ähnlich. Zentrale Aspekte sind die Erziehungsfähigkeit und die Frage, welche Auswirkungen diese wiederum auf das Kind hat. Weist die Erziehungsfähigkeit der Eltern Defizite auf, müssen im Gutachten Maßnahmen vorgeschlagen werden, die zu einer Abwendung der möglicherweise durch die mangelnde Erziehungsfähigkeit bedingten negativen Effekte auf das Kindeswohl führen. Wie bereits vorab erwähnt, ist die Erziehungsfähigkeit komplex und bezieht sowohl die seelische als auch die körperliche Versorgung des Kindes mit ein. Infolgedessen muss die Begutachtung mehrere Ebenen bei der Bewertung berücksichtigen: die Ebene des sozialen Umfelds, die Familienebene, die Elternebene und die Ebene des Kindes. Es werden mögliche Risikofaktoren untersucht, die einen gefährdenden Einfluss auf die Erziehungsfähigkeit nehmen können, der nicht abgewendet werden kann. Relevant sind hier z. B. soziale Auffälligkeiten des Kindes, die bei den Eltern zu

Überforderung führen und somit Einschränkungen in der Erziehungsfähigkeit bedingen. Auf Elternebene ist es denkbar, dass es ihnen möglicherweise aufgrund eigener psychischer Erkrankungen oder Substanzabhängigkeiten nicht möglich ist, für ihr Kind in einem geforderten Mindestmaß Sorge zu tragen. Es sei an dieser Stelle gesagt, dass eine psychische Erkrankung nicht zwangsläufig das Kindeswohl gefährdet. Dies ist stets für den konkreten Einzelfall zu überprüfen. Der Anspruch, der an die Erziehungskompetenz der Eltern zu stellen ist, richtet sich u. a. nach der Vulnerabilität des Kindes. Ein Kind mit kognitiven Beeinträchtigungen hat einen höheren Förderbedarf, dem die Eltern gewachsen sein müssen. Dies ist jedoch am besten dann möglich, wenn sich keine die Erziehungsfähigkeit einschränkenden Auffälligkeiten auf der Elternebene finden. Insofern ist es, neben der Betrachtung der einzelnen Ebenen, wiederum wichtig, eine Einordnung der Befunde mit Hinblick auf den Gesamtkontext vorzunehmen. Einen pauschalen und konkreten Cutoff zur Bewertung der Erziehungsfähigkeit gibt es nicht. Vielmehr orientiert sich der/die Gutachter/in an einer Mindestschwelle. In Schulnoten ausgedrückt würde man eine 4-, also gerade noch ausreichend, vergeben, um davon auszugehen, dass keine Gefährdung des Kindeswohls durch das Elternverhalten zu erwarten wäre (Pfundmair, 2020).

> **Exkurs: Psychisch gestörte Eltern und Erziehungsfähigkeit**
> Man könnte vermuten, dass ein psychisch gestörtes Elternteil diese Anforderungen nicht gut erfüllen kann. Jedoch rechtfertigt das Vorliegen einer psychischen Störung allein nicht, einem Elternteil die Erziehungsfähigkeit abzusprechen. Zusätzlich ist zu beachten, dass die Grenzen zwischen der Normalität und einer Störung sehr fließend sein können. Das bedeutet praktisch, dass man Akzentuierungen oder extremere Ausformungen von Normalvarianten der Persönlichkeit oft nur sehr schwer vom „Pathologischen" abgrenzen und diagnostizieren kann. Das Spektrum des „Normalen" ist sehr groß und nicht jede zwischenmenschliche Eigenartigkeit ist als krankheitswertige psychische Abnormalität zu betrachten. Zwischen 12 und 30 % der erwachsenen Patienten mit psychischen Störungen haben minderjährige Kinder (Kölch et al., 2015). Die psychische Störung an sich wirkt sich in den wenigsten Fällen negativ im Hinblick auf die kindliche Entwicklung und Bindungsqualität aus. In den Fällen, in denen sich eine psychische Erkrankung auf die Erziehungs- und Beziehungsfähigkeit der Eltern auswirkt, wodurch sich eine mögliche negative Auswirkung auf die Kinder ergeben könnte, hemmt häufig die Angst vor Stigmatisierung den Gang

zum Jugendamt. Wichtig für die Kinder ist es u. a., sie über die Erkrankung ihres Elternteils aufzuklären und die Kontakte zu Gleichaltrigen und anderen stabilen Bezugspersonen zu fördern (Kölch, 2018).

In § 163 Abs. 1 FamFG ist geregelt, dass neben rechtspsychologischen und medizinischen Sachverständigen auch solche mit pädagogischer und sozialpädagogischer Berufsqualifikation als Gutachter bzw. Gutachterin bestellt werden können. Diese müssen jedoch über eine zusätzliche diagnostische Weiterbildung verfügen. Für eine vertiefende Diskussion der Qualifikations- und Qualitätsanforderungen bieten sich die Beiträge von Balloff (2016, 2018) und Josupeit et al. (2018) an. Für einen umfassenderen Einblick in dieses Themenfeld sei auf die Literaturempfehlungen am Ende des Kapitels verwiesen.

Literaturempfehlungen

Dettenborn, H. (2021). *Kindeswohl und Kindeswille: Psychologische und rechtliche Aspekte.* Reinhardt.
Salzgeber, J. (2020). *Familienpsychologische Gutachten. Rechtliche Vorgaben und sachverständiges Vorgehen* (6. Aufl.). Beck.
Zumbach, J., Lübbehüsen, B., Volbert, R., & Wetzels, P. (2020). *Psychologische Diagnostik in familienrechtlichen Verfahren. Kompendium Psychologische Diagnostik.* Hogrefe.

Scheidungskinder: Wenn die Trennung zum Krieg wird: https://www.youtube.com/watch?v=6HdUvsGgpUQ.

Mängel bei psychologischen Gutachten: https://www.youtube.com/watch?v=dLbcmLm-ULA.

Literatur

Alberstötter, U. (2006). Wenn Eltern Krieg gegeneinander führen. Zu einer neuen Praxis der Beratungsarbeit mit hoch strittigen Eltern. In M. Weber, H. Schilling (Hrsg.), *Eskalierte Elternkonflikte. Beratungsarbeit im Interesse des Kindes bei hoch strittigen Trennungen* (S. 29–52). Juventa.
Alle, F. (2012). *Kindeswohlgefährdung.* Lambertus.

Arbeitsgruppe Familienrechtliche Gutachten. (2019). *Mindestanforderungen an die Qualität von Sachverständigengutachten im Kindschaftsrecht.* Deutscher Psychologen.

Balloff, R. (2013). Umgang des Kindes mit den Eltern und allen anderen bedeutsamen Bezugspersonen (§§ 1626 Abs. 3, 1684, 1685 BGB), zu denen das Kind „Bindungen" hat. *Frühe Kindheit, 2,* 12–17.

Balloff, R. (2014). Familienrechtliche Begutachtung nach Trennung und Scheidung. In T. Bliesener, F. Lösel, & G. Köhnken (Hrsg.), *Lehrbuch Rechtspsychologie* (S. 288–309). Hans-Huber.

Balloff, R. (2016). Neues Sachverständigenrecht. *Rechtspsychologie, 2,* 536–538. https://doi.org/10.5771/2365-1083-2016-4-536.

Balloff, R. (2018). *Kinder vor dem Familiengericht. Praxishandbuch zum Schutz des Kindeswohls unter rechtlichen, psychologischen und pädagogischen Aspekten* (3. Aufl.). Nomos.

Bovenschen, I., & Spangler, G. (2014). Bindungstheoretische Aspekte der Fremdplatzierung. *Praxis der Rechtspsychologie, 2,* 374–406.

Brisch, K. H., & Hellbrügge, T. (2018). *Kinder ohne Bindung: Deprivation, Adoption und Psychotherapie.* Klett-Cotta.

Bröning, S. (2009). *Kinder im Blick. Theoretische und empirische Grundlagen eines Gruppenangebotes für Familien in konfliktbelasteten Trennungssituationen.* Waxmann Verlag GmbH.

Cierpka, A., & Cierpka, M. (2014). Entwicklungsgerechtes Trotzen, persistierendes Trotzen und aggressives Verhalten. In M. Cierpka (Hrsg.), *Frühe Kindheit 0–3 Jahre: Beratung und Psychotherapie für Eltern mit Säuglingen und Kleinkindern* (S. 263–285). Springer. https://doi.org/10.1007/978-3-642-20296-4_17.

Deegener, G., & Körner, W. (2011). Risiko- und Schutzfaktoren – Grundlagen und Gegenstand psychologischer, medizinischer und sozialpädagogischer Diagnostik im Kinderschutz. In G. Deegener & W. Körner (Hrsg.), *Erfassung von Kindeswohlgefährdung in Theorie und Praxis* (S. 201–250). Pabst Science.

Dettenborn, H. (2021). *Kindeswohl und Kindeswille: Psychologische und rechtliche Aspekte.* Reinhardt.

Dettenborn, H., & Walter, E. (2016). *Familienrechtspsychologie.* Ernst Reinhardt.

Deutscher Bundestag. (2018). *Zur Entwicklung der Risiken von Scheidung und Trennung in verschiedenen Familien- und Lebensformen.* Fachbereich WD 9, Gesundheit, Familie, Senioren, Frauen und Jugend.

Dietrich, P. S., & Paul, S. (2006). Hoch strittige Elternsysteme im Kontext Trennung und Scheidung. In M. Weber & H. Schilling (Hrsg.), *Eskalierte Elternkonflikte. Beratungsarbeit im Interesse des Kindes bei hoch strittigen Trennungen* (S. 13–28). Juventa.

Dietrich, P. S., Fichtner, J., Halatcheva, M., Sandner, E., & Weber, M. (2010). *Arbeit mit hochkonflikthaften Trennungs- und Scheidungsfamilien. Eine Handreichung für die Praxis.* Deutsches Jugendinstitut.

Fichtner, J., & Salzgeber, J. (2006). Gibt es den goldenen Mittelweg? Das Wechselmodell aus Sachverständigensicht. *Familie Partnerschaft Recht, 7,* 274–284.

Friedrich, V., Reinhold, C., & Kindler, M. (2004). Begleiteter Umgang und Kindeswohl: Eine Forschungsübersicht. In M. Klinkhammer, U. Klotmann & S. Prinz (Hrsg.), *Handbuch Begleiteter Umgang* (S.13–39). Bundesanzeiger.

Literatur

Gesetz zur Stärkung der Rechte des leiblichen, nicht rechtlichen Vaters Vom 4. Juli 2013. *Bundesgesetzblatt Jahrgang 2013* Teil I Nr. 36, ausgegeben zu Bonn am 12. Juli 2013. https://www.bmjv.de/SharedDocs/Downloads/DE/PDF/Themenseiten/FamilieUndPartnerschaft/Gesetz_Staerkung_Rechte_leiblichen_Vaters.pdf?__blob=publicationFile&v=3.

Haight, W., Mangelsdorf, S., Black, J., Szewczyk Sokolowski, M., Schoppe, S., Giorgio, G., Madrigal, K., & Tata, L. (2005). Enhancing parent-child interaction during foster care visits: Experimental assessment of an intervention. *Child Welfare, 84*(4), 459–481.

Hauri, A., & Zingaro, M. (2020). *Kindeswohlgefährdung erkennen und angemessen handeln.* Kinderschutz Schweiz.

Josupeit, J., Kursawe, J., & Köhler, D. (2018). Qualitäts- und Qualifikationsstandards für pädagogische und sozialpädagogische Sachverständige nach §163 Abs. 1 FamFG – Eine Standortbestimmung und Diskussionsgrundlage. *Rechtspsychologie, 4,* 513–531. https://doi.org/10.5771/2365-1083-2018-4-513.

Kindler, H. (2018). Operationalisierungen von Kindeswohl und Kindeswohlgefährdung in den Sozial- und Humanwissenschaften. In H. Katzenstein, K. Lohse, G. Schindler, & L. Schönecker (Hrsg.), *Das Recht als Partner der Fachlichkeit in der Kinder- und Jugendhilfe* (S. 179–224). Nomos Verlagsgesellschaft. https://doi.org/10.5771/9783845295589-179.

Kölch, M. (2018). Kinder psychisch kranker Eltern und die Gefahr der Kindeswohlgefährdung. *Praxis der Rechtspsychologie, 28*(2), 35–47.

Kölch, M., Ziegenhain, U., & Fegert, J. M. (2015). Bessere Versorgung für Kinder von psychisch kranken Eltern. *Nervenheilkunde, 34*(1–2), 49 ff.

McWhey, L. M., Acock, A., & Porter, B. (2010). The Impact of continued contact with biological parents upon the mental health of children in foster care. *Child and Youth Services Review 1, 32*(10), 1338–1345. https://doi.org/10.1016/j.childyouth.2010.05.003.

Münder, J., Bindel-Kögel, G., Hoffmann, H., Lampe, W., Schone, R., & Seidenstücker, B. (2017). Kindeswohl zwischen Jugendhilfe und Justiz – Zusammenfassung und Perspektiven. In J. Münder (Hrsg.), *Kindeswohl zwischen Jugendhilfe und Justiz. Zur Entwicklung von Entscheidungsgrundlagen und Verfahren zur Sicherung des Kindeswohls zwischen Jugendämtern und Familiengerichten.* Beltz Juventa.

Nienstedt, M., & Westermann, A. (2007). *Pflegekinder.* Klett-Cotta.

Pfundmair, M. (2020). *Psychologie bei Gericht.* Springer. https://doi.org/10.1007/978-3-662-61796-0.

Remschmidt, H. (2019). Die Folgen von Misshandlungen in Kindheit und Jugend: Seelische Belastungen und Spuren im Gehirn. *Monatsschrift für Kriminologie und Strafrechtsreform, 97*(5–6), 462 ff. https://doi.org/10.1515/mks-2014-975-613.

Ryan, J. P., & Testa, M. F. (2005). Child maltreatment and juvenile delinquency: Investigating the role of placement and placement instability. *Children and Youth Services Review, 27*(3), 227–249. https://doi.org/10.1016/j.childyouth.2004.05.007.

Salzgeber, J. (2020). *Familienpsychologische Gutachten. Rechtliche Vorgaben und sachverständiges Vorgehen* (6. Aufl.). Beck.

Scheiwe, K., Schuler-Harms, W., Walper, S., & Fegert, J.M. (2016). *Pflegefamilien als soziale Familien, ihre rechtliche Anerkennung und aktuelle Herausforderungen.* Wissenschaftlicher Beirat für Familienfragen beim Bundesministerium für Familie, Senioren, Frauen und Jugend.

Sinclair, I. (2005). *Fostering now. Messages from research.* Jessica Kingsley.

Stett, D. (2009). *Auswirkung des elterlichen Konfliktniveaus auf betroffene Scheidungskinder Empirische Untersuchung anhand einer Scheidungskindergruppe.* Dissertation an der Philosophisch-Sozialwissenschaftlichen Fakultät der Universität Augsburg.

Stiftung zum Wohl des Pflegekindes. (Hrsg.). (2009). *4. Jahrbuch des Pflegekinderwesens – Verbleib oder Rückkehr?! Perspektiven für Pflegekinder aus psychologischer und rechtlicher Sicht.* Schulz-Kirchner.

Tschöpe-Scheffler, S. (2013). *Fünf Säulen der Erziehung. Wege zu einem entwicklungsfördernden Miteinander von Erwachsenen und Kindern* (7. Aufl.). Patmos.

Walper, S., Fichtner, J., & Normann, K. (2013). Hochkonflikthafte Trennungsfamilien als Herausforderung für Forschung und Praxis. In S. Walper, J. Fichtner, & K. Normann (Hrsg.), *Hochkonflikthafte Trennungsfamilien. Forschungsergebnisse, Praxiserfahrungen und Hilfen für Scheidungseltern und ihre Kinder.* Beltz Juventa.

Walser, M. (2007). Geschwisterbindung als protektives Entwicklungsingrediens. *Diskurs Kindheits- und Jugendforschung, 3,* 345–348.

Weber, M. (2013). Das Wohl des Kindes bei hoch strittiger Elternschaft. Notwendige Differenzierungen. In M. Weber, U. Alberstötter, H. Schilling (Hrsg.), *Beratung von Hochkonflikt-Familien. Im Kontext des FamFG.* Juventa.

Zimmermann, P., & Neumann, A. (2011). Die Auswirkungen von Konflikten zwischen Eltern auf ihre Kinder: Ergebnisse der Entwicklungspsychologie und der Bindungsforschung. In Die Kinderschutz-Zentren (Hrsg.), *Kinder im Spannungsfeld elterlicher Konflikte.* Bundesarbeitsgemeinschaft der Kinderschutz-Zentren e. V.

Zumbach, J., & Oster, A. (2020). Übersichtsarbeit Elterliche Erziehungsfähigkeit: Definitionen, Indikatoren und Erfassungsmöglichkeiten. *Zeitschrift für Kinder- und Jugendpsychiatrie und Psychotherapie,* 1–14.

Zumbach, J., Lübbehüsen, B., Volbert, R., & Wetzels, P. (2020). *Psychologische Diagnostik in familienrechtlichen Verfahren. Kompendium Psychologische Diagnostik.* Hogrefe.

Richterliche Urteilsbildung – Vor Gericht und auf hoher See...

12

…ist man in Gottes Hand. So lautet ein altes Sprichwort. Ist da tatsächlich etwas dran? Oder kann man sich darauf verlassen, dass allein die Fakten zählen? Von der Richterschaft wird gemeinhin erwartet, dass sie alle Informationen dezidiert betrachten und dann ein möglichst gerechtes Urteil fällen. Doch auch die Entscheidungstragenden bei Gericht sind letztlich Menschen, denen ähnliche Fehler unterlaufen können wie uns allen, meistens sind diese jedoch folgenreicher.

In der Forschung zur richterlichen Urteilsbildung (Überblick siehe Pfundmair, 2020) werden entweder Entscheidungen in realen Fällen oder anhand künstlich erstellter Fallvignetten miteinander verglichen. Bei Studien mit Fallvignetten wird den Beurteilenden ein Bericht über einen in der Regel echten Fall vorgelegt, wobei systematisch verschiedene Variablen der Tat und des Täters variiert werden. Reale Fälle haben den Nachteil, dass sie sich wohl nie vollständig gleichen und so Unterschiede in der Beurteilung auch auf Unterschiede zwischen den Fällen zurückgeführt werden können. So kann zum Beispiel der Name eines Angeklagten (van Prooijen & Coffeng, 2013) oder das Wissen um unterschiedliche Vorstrafen (Devine et al., 2001; Greene & Dodge, 1995; Oswald, 2009) die Strafzumessung beeinflussen. Die Studienlage ist diesbezüglich jedoch nicht ganz einheitlich und bezieht sich vornehmlich auf die USA (Schlotthauer & Yundina, 2016). Studien mit Fallvignetten haben hingegen den Nachteil, dass die Probanden oft keine Richterinnen und Richter sind. Außerdem ist den Studienteilnehmenden bewusst, dass die Entscheidung keine Konsequenzen hat, was möglicherweise die Urteilsbildung beeinflussen kann. Dennoch gibt uns vor allem die Kombination beider Forschungsansätze wichtige Hinweise auf die Prozesse, die bei der Urteilsbildung eine Rolle spielen.

Die Interpretation der Einflussfaktoren bei der Urteilsbildung ist auch mithilfe von Studien keinesfalls trivial. Beispielsweise konnte anhand von Entscheidungen von Richterinnen und Richtern über Bewährungsanträge in Israel gezeigt werden, dass die Urteile mit der Uhrzeit der Bearbeitung zusammenhingen. Morgens, nach der ersten Pause, und nach dem Mittagessen wurden 65 % der Anträge zugunsten der Antragsteller entschieden. Kurz vor einer Pause lagen die positiv entschiedenen Anträge bei nahezu 0 %. Alle Richterinnen und Richter wiesen dieselbe Tendenz auf (Danziger et al., 2011). Die Autoren schlossen daraus, dass die geistige Ermüdung der entscheidende Einflussfaktor ist. In folgenden Studien wurde diese Argumentation allerdings widerlegt (Weinshall-Margel & Shapard, 2011). Es wurde dargelegt, dass die Fälle in der Studie von Danziger et al. (2011) nicht zufällig vor oder nach den Pausen bearbeitet wurden. Vielmehr bearbeitete die Richterschaft alle Fälle eines Gefängnisses zusammen und wählten dabei diejenigen Fälle als letzte aus, die keinen Verteidiger hatten. Diese Fälle wurden mit höherer Wahrscheinlichkeit negativ beurteilt. Zudem zeigten Danziger et al. (2011) auf, dass die Fälle desselben Verteidigers zumeist hintereinander bearbeitet werden und dass die Verteidigung in der Regel ihre stärksten Fälle zuerst präsentieren. Auch neigen wir Menschen generell dazu, das zu bestätigen, was wir eh schon denken (confirmation bias, Aronson et al., 2014). Wir nehmen die Argumente, die unsere vorgefertigte Meinung bestärken, bewusster wahr und bewerten sie positiver als anderweitige Informationen. Nach der ersten Aktenanalyse wird in der Regel eine Hypothese darüber gebildet, was passiert ist. Informationen werden nachfolgend im Hinblick auf Bestätigung dieser Hypothese bewertet. Von dieser vorgefassten Meinung abzurücken, ist mit einem hohen kognitiven Aufwand verbunden (Schmittat & Englich, 2016). Hinzu kommt, dass alle Menschen Heuristiken (Urteilsregeln) benutzten. Das bedeutet, dass wir eine unbewusste oder implizite Vorstellung darüber haben, wie Dinge in der Regel ablaufen. Jedoch vernachlässigen wir dabei die situationsspezifischen Unterschiede (Aronson et al., 2014). Das spart Zeit und Energie, insbesondere wenn die Situation komplex ist. Vereinfacht gesprochen kann man sagen: Wenn wir nicht mehr durchblicken, dann nehmen wir einfache Bewertungsregeln zur Hilfe, um zu einer Entscheidung zu finden. Diese Denkvorgänge sind normalpsychische Prozesse und treffen nicht nur auf Richter zu. Vielmehr gehen Menschen im Allgemeinen entsprechend vor. Ein Beispiel hierfür ist der „Rückschau-Fehler" (hindsight bias, Harley, 2007). Wir haben dies anhand des Beispiels der Vergewaltigung in Kap. 10 bereits verdeutlicht. Ebenfalls wird häufig der Einfluss der Tatumstände im Vergleich zu der Persönlichkeit des Täters unterschätzt (Rachlinski, 2004). Man nennt dies auch den fundamentalen Attributionsfehler. Ein weiteres Beispiel für eine Urteilsheuristik ist der Ankereffekt (Tversky & Kahnemann, 1982). So konnte gezeigt werden, dass Rechtsreferendare und erfahrene Richter und Richterinnen ihre Urteile an das geforderte Strafmaß der Staatsanwaltschaft anpassen (Englich & Mussweiler, 2001). Das war in den Studien auch der Fall, wenn den Probanden die Information gegeben wurde, dass das geforderte Strafmaß von einem Informatikstudenten oder von einem Journalisten vorgeschlagen wurde. Der Effekt zeigte sich sogar, wenn die Probanden selbst durch Würfeln das geforderte Strafmaß der Staatsanwaltschaft festlegen konnten (Englich et al., 2006). Nun könnte man argumentieren, dass der Ankereffekt im Gerichtssaal keinen so negativen Einfluss hat, da ja nicht nur die Staatsanwaltschaft, sondern auch die Verteidigung einen Anker setzt. Es konnte jedoch darüber hinaus bestätigt werden, dass die Strafmaßempfehlungen der Verteidigung ebenfalls von der zuvor genannten Strafmaßempfehlung der Staatsanwaltschaft beeinflusst wird. Weiter konnte gezeigt werden, dass die Fragen eines Reporters ebenfalls einen Einfluss auf das Strafmaß haben können (Englich et al., 2006). Die Frage der Reporter lautete entweder: „Denken Sie, dass der Angeklagte mehr oder weniger als 1 Jahr bekommt?" (niedriger Anker) bzw. „Denken Sie, dass der Angeklagte mehr oder weniger als 3 Jahre bekommt?" (hoher Anker). Der hohe Anker führte zu einem durchschnittlichen Strafmaß von 33,38 Monaten, der niedrige zu einem Strafmaß von 25,42 Monaten.

Wie kann man nun, da man um den Ankereffekt weiß, diesem Einfluss entgegenwirken? Eine Aufklärung der Richterschaft über den Ankereffekt allein ist nicht ausreichend, um den Effekt zu verhindern, stellt aber einen wichtigen ersten Schritt dar (Bennett, 2014). Eine weitere Möglichkeit ist die Strategie „consider-the-opposite", bei der man systematisch Argumente sucht, die gegen den Anker sprechen (Mussweiler et al., 2000). Ausgehend von den Befunden könnte die übliche Praxis überdacht werden, dass zunächst die Staatsanwaltschaft und anschließend erst die Verteidigung ihr Plädoyer abgibt (Englich et al., 2005; Nickolaus, 2018). Die Verteidigung ist jedoch in psychologischer Hinsicht keineswegs machtlos. So konnte in einer aktuellen Studie gezeigt werden, dass die Wahrscheinlichkeit einer Verurteilung reduziert wird, wenn die Verteidigung schriftlich eine alternative Version der fraglichen Tat skizziert (Schmittat et al., 2021). Auch die Behauptung der Verteidigung, der Angeklagte sei unschuldig, hatte bereits einen (wenngleich geringeren) Effekt.

Selbst wenn die Schwere der Straftat, wie zu erwarten, den größten Einfluss auf das Strafmaß hat (Blair et al., 2004), scheinen richterliche Urteile durch sogenannte „extra-legale" Faktoren beeinflusst zu werden (Eskin & Visher, 1986; Vidmar, 2002). Diese Faktoren dürften eigentlich keine Rolle spielen. Beispielsweise wurde für die USA nachgewiesen, dass der sozioökonomische Status und die ethnische Zugehörigkeit sich negativ auf die Beurteilung des Angeklagten auswirkten (Cochran & Mears, 2015; Espinoza et al., 2015). Zusätzlich zeigte sich, dass afroamerikanische Angeklagte mit „ethnotypischen" Gesichtszügen signifikant härter bestraft werden (Blair et al., 2004; King & Johnson, 2016).

Frühere Studien fanden, dass sich die Attraktivität eines Angeklagten positiv auf das Urteil auswirkt, so dass attraktive Angeklagte geringere Strafen bekommen (Mazella & Feingold, 1994). Attraktivität wird häufig mit einem guten Charakter und sozialen Fähigkeiten in Verbindung gebracht (halo-effect; Thorndike, 1920). Spätere Untersuchungen belegten weniger eindeutige Effekte. So konnte die Aufforderung, rein rational zu denken, den Einfluss der Attraktivität verringern (Lieberman, 2002). Weiter ergab sich, dass schuldige Angeklagte, wenn diese unattraktiv waren und lächelten, eine geringere Strafe bekamen, als wenn sie attraktiv waren und lächelten (Abel & Watters, 2010). Ein hohes Körpergewicht scheint ebenfalls einen negativen Einfluss auf die Urteilsfindung zu haben. In einer Studie wurden adipöse Frauen von männlichen Beurteilern mit höherer Wahrscheinlichkeit für schuldig befunden. Bei der Beurteilung adipöser Männer wurde hingegen kein Zusammenhang gefunden (Schvey et al., 2013).

Die skizzierten Einflüsse auf die richterliche Entscheidungsfindung und die Beurteilung sollten selbstverständlich verringert und weitgehend kontrolliert werden. Eine völlige Eliminierung von normalpsychologischen Effekten auf Urteilsprozesse lässt sich hingegen wohl nicht erreichen. Menschen sind nun mal Menschen. Dazu gehört auch die Akzeptanz von Urteilsfehlern und subjektiven Bewertungen. Das bedeutet aber wiederum nicht, dass man in der Praxis nach suboptimalen Maßstäben arbeiten sollte. Für die Verbesserung der richterlichen Entscheidungen und Urteile sollte die Richterschaft intensiv fortgebildet werden, so dass sie Kenntnisse über diese Einflüsse erlangen. Das allein scheint jedoch nicht ausreichend zu sein. Die Entscheidungstragenden müssen zudem motiviert sein, sich eingehender mit einer Entscheidung auseinanderzusetzen. Zum einen muss dazu genügend Zeit und kognitive Kapazität zur Verfügung stehen, zum anderen haben auch die spezifischen Werteinstellungen der Personen einen Einfluss (vgl. Oswald, 2014). In der Praxis hingegen muss die Richterschaft zunehmend mehr Fälle in kürzerer Zeit bearbeiten. Darüber hinaus scheint auch die Ausstattung der Justiz in vielen Bereichen ungenügend zu sein. Diese Aspekte stellen keine gute Grundlage für eine Verbesserung und kritische Reflexion der richterlichen Tätigkeiten dar. An dieser Stelle wird Ihnen hoffentlich klar, dass es in der Rechtspsychologie keine einfachen Antworten oder Lösungen gibt. Die meisten psychologischen Phänomene sind multifaktoriell bedingt. Aus diesem Grund ist das Studium der Rechtspsychologie anspruchsvoll, aber auch äußerst interessant.

Literaturempfehlungen

Pfundmair, M. (2020). Sozialpsychologie bei Gericht. In: M. Pfundmair. *Psychologie bei Gericht*. Berlin, Heidelberg: Springer. https://doi.org/10.1007/978-3-662-61796-0_6.

Oswald, M.E., Bieneck S, Hupfeld-Heinemann J (Hrsg.) (2012). *Social Psychology of Punishment of Crime*. Chichester/UK: Wiley.

Veranschaulichung des Ankereffekts: Https://www.youtube.com/watch?v=EtF9NILjqK0.

Denkverzerrungen im juristischen Kontext: Https://www.youtube.com/watch?v=dWAZPyXR208

Literatur

Abel, M. H., & Watters, H. (2010). Attributions of guilt and punishment as functions of physical attractiveness and smiling. *The Journal of Social Psychology, 145*(6), 687–702. https://doi.org/10.3200/SOCP.145.6.687-703. (2005).

Aronson, E., Wilson, T. D., & Akert, R. M. (2014). *Sozialpsychologie*. Pearson.

Bennett, M. W. (2014). Confronting cognitive "Anchoring Effect" and "Blind Spot" biases in federal sentencing: A modest solution for reforming a fundamental flaw. *Journal of Criminal Law and Criminology, 104*(3), 489–534.

Blair, I. V., Judd, C. M., & Chapleau, K. M. (2004), The influence of afrocentric facial features in criminal sentencing. *Psychological Science, 15*(10), 674–679. https://doi.org/10.1111%2Fj.0956-7976.2004.00739.x.

Cochran, J. C., & Mears, D. P. (2015). Race, ethnic, and gender divides in juvenile court sanctioning and rehabilitative intervention. *Journal of Research in Crime and Delinquency, 52*(2), 181–212. https://doi.org/10.1177%2F0022427814560574.

Danziger, S., Levav, J., & AvnaimPesso, L. (2011). Extraneous factors in judicial decisions. *Proceedings of the National Academy of Sciences of the United States of America, 108*(17), 6889–6892. https://doi.org/10.1073/pnas.1018033108.

Devine, D. J., Clayton, L. D., Dunford, B. B., Seying, R. & Pryce, J. (2001). Jury decision making: 45 years of empirical research on deliberating groups. *Psychology, Public Policy and Law, 7*(3), 622–727. https://psycnet.apa.org/doi/10.1037/1076-8971.7.3.622.

Englich, B., & Mussweiler, T. (2001). Sentencing under uncertainty: Anchoring effects in the courtroom. *Journal of Applied Social Psychology, 31*(7), 1535–1551. https://doi.org/10.1111/j.1559-1816.2001.tb02687.x.

Englich, B., Mussweiler, T., & Strack, F. (2005). The last word in court – a hidden disadvantage for the defense. *Law and Human Behavior, 29, Is. 6*, 705–722. https://doi.org/10.1007/s10979-005-8380-7.

Englich, B., Mussweiler, T., & Strack, F. (2006). Playing dice with criminal sentences: The influence of irrelevant anchors on experts' judicial decision making. *Personality and Social Psychology Bulletin, 32*(2), 188–200. https://doi.org/10.1177%2F0146167205 282152.

Eskin, B., & Visher, C. (1986). The impacts of evidence and extralegal factors in jurors' decisions. *Law & Society Review, 20*(3), 423–438.

Espinoza, R. K. E., Willis-Esqueda, C., Toscano, S., & Coons, J. (2015). The Impact of Ethnicity, Immigration Status, and Socioeconomic Status on Juror Decision Making. *Journal of Ethnicity in Criminal Justice, 13*(3), 197–216. https://doi.org/10.1080/15377938.2014.984044

Greene, E., & Dodge, M. (1995). The influence of prior record evidence on juror decision making. *Law and Human Behavior, 19*(1), 67–78.

Harley, E. M. (2007). Hindsight bias in legal decision making. *Social Cognition, 24*(1), 48–63. https://doi.org/10.1521/soco.2007.25.1.48.

King, R. D., & Johnson, B. (2016). A punishing look: Skin tone and afrocentric features in the halls of justice 1. *American Journal of Sociology, 122*(1), 90–124.

Lieberman, J. D. (2002). Head over the heart or heart over the head? Cognitive experiential self-theory and extralegal heuristics in juror decision making. *Journal of Applied Social Psychology, 32,* 2526–2553. https://doi.org/10.1111/j.1559-1816.2002.tb02755.x.

Mazella, R., & Feingold, A. (1994). The effects of physical attractiveness, race, socioeconomic status, and gender of defendants and victims on judgments of mock jurors: A meta-analysis 1. *Journal of Applied Social Psychology, 24*(15), 1315–1338. https://doi.org/10.1111/j.1559-1816.1994.tb01552.x.

Mussweiler, T., Strack, F., & Pfeiffer, Tim (2000). Overcoming the inevitable anchoring effect: Considering the opposite compensates for selective accessibility. *Personality and Social Psychology Bulletin, 26*(9), 1142–1150. https://doi.org/10.1177%2F0146167200 2611010.

Nickolaus, C. (2018). Ankereffekte im Strafprozess – Verstoß gegen das Prinzip des fairen Verfahrens? *Schriften zur Rechtspsychologie, 2*. Nomos.

Oswald, M. E. (2009). How knowledge about the defendant's previous conviction influences judgements of guilt. In M. E. Oswald, S. Bieneck, & J. Hupfeld-Heinemann (Hrsg.) (2012), *Social Psychology of Punishment of Crime* (S. 357–377). Wiley.

Oswald, M. E. (2014). Strafrichterliche Urteilsbildung. In T. Bliesener, F. Lösel, & G. Köhnken (Hrsg.), *Lehrbuch der Rechtspsychologie* (S. 244–260). Huber.

Pfundmair, M. (2020). Sozialpsychologie bei Gericht. In Pfundmair, M. (Hrsg.), *Psychologie bei Gericht* (S. 125–142). Springer. https://doi.org/10.1007/978-3-662-61796-0_6.

Rachlinski, J. J. (2004). Heuristics, Biases, and Governance. In D. J. Köhler & N. Harvey (Hrsg.), *Blackwell handbook of judgment and decision making* (S. 567–603). Blackwell.

Schlotthauer, S., & Yundina, E. (2016). Schuld und Vorurteil: Zum Einfluss von Vorstrafen auf das Schuldurteil. *Recht und Psychiatrie, 34,* 43–49.

Schmittat, S., & Englich, B. (2016). If you judge, Investigate! Responsibility reduces confirmatory information processing in legal experts. *Psychology, Public Policy, and Law, 22*(4), 386–400. https://psycnet.apa.org/doi/10.1037/law0000097.

Schmittat, S., Englich, B., Sautner, L., & Velten, P. (2021). Alternative stories and the decision to prosecute: An applied approach against confirmation bias in criminal prosecution. *Psychology, Crime & Law.* https://doi.org/10.1080/1068316X.2021.1941013.

Literatur

Schvey, N. A., Puhl, R. M., Levandoski, K. A., & Brownell, K. D. (2013). The influence of a defendant's body weight on perceptions of guilt. *International Journal of obesity, 37*(9), 1275–1281. https://doi.org/10.1038/ijo.2012.211

Thorndike, E. L. (1920). A constant error in psychological ratings. *Journal of Applied Psychology, 4,* 2529.

Tversky, A., & Kahnemann, D. (1982). Judgment under uncertainty: Heuristics and biases. In D. Kahnemann, P. Slovic, & A. Tversky (Hrsg.), *Judgement under uncertainty: Heuristics and biases* (S. 3–20). Cambridge University.

Van Prooijen, J. W., & Coffeng, J. (2013). What is fair punishment for Alex or Ahmed? Perspective taking increases racial bias in retributive justice judgments. *Social Justice Research, 26*(4), 383–399. https://doi.org/10.1007/s11211-013-0190-2.

Vidmar, N. (2002). Case studies of pre- and midtrial prejudical in criminal and civil ligitation. *Law and Human Behavior, 26*(1), 73–105. https://doi.org/10.1023/A:1013881208990.

Weinshall-Margel, K. & Shapard, J. (2011). Overlooked factors in the analysis of parole decisions. *Proceedings oft the National Academy of Sciences, 108*(42). https://doi.org/10.1073/pnas.1110910108.

13 Qualifizierung – Wie wird man Rechtspsychologin oder Rechtspsychologe?

In den vorangegangenen Kapiteln sind Definitionen, Grundlagen, ausgewählte Anwendungsfelder und Forschungsbereiche vorgestellt worden. Abschließend wird der Frage der Qualifizierung und Ausbildung in der Rechtspsychologie nachgegangen. Wie in dem Begriff „Rechtspsychologie" bereits deutlich wird, ist die Bezugs- und Basisdisziplin das Fach Psychologie. Entsprechend ist die Grundlage für Rechtspsychologen/innen ein Hauptfachstudium der Psychologie. Die Deutsche Psychologen Föderation bestehend aus der Deutschen Gesellschaft für Psychologie (DGPs) und dem Berufsverband Deutscher Psychologinnen und Psychologen (BDP) hat sich darauf verständigt, dass im Rahmen der Bologna-Reform ein Master of Science (300 ECTS-Punkte) das fachliche Äquivalent zum früheren Universitäts-Diplom Abschluss in Psychologie darstellt. Wer sich die Tätigkeit in der Rechtspsychologie vorstellen kann, muss entsprechend nach dem Bachelorabschluss im Hauptfach Psychologie zusätzlich einen psychologischen Mastergrad abschließen. Ebenfalls ist es möglich, an einigen deutschen Hochschulen oder im europäischen Ausland (z. B. in Maastricht) einen konsekutiven Masterstudiengang in Rechtspsychologie zu absolvieren. Der Begriff „Rechtspsychologie" ist rechtlich nicht geschützt, deshalb haben sich die beiden großen psychologischen Dachverbände auf ein einheitliches Fachzertifikat und eine gemeinsame Qualitätssicherung geeinigt. Entweder absolviert man eine ca. drei- bis fünfjährige postgraduale Weiterbildung mit dem Abschlusszertifikat „Fachpsychologe/in für Rechtspsychologie" (DGPs/ BDP) oder man schließt zusätzlich zum Master in Psychologie einen Weiterbildungsmasterstudiengang in Rechtspsychologie ab. Selbstverständlich kann man diese beiden Wege auch kombinieren. Die (weiterbildenden) Masterstudiengänge in Rechtspsychologie werden in der Regel für die Zertifizierung bei den Berufsverbänden angerechnet. Zusätzlich zu diesem Weg verfügen auch viele im forensischen Bereich Tätige über eine psychotherapeutische Zusatzqualifikation (z. B. als systemische/r Therapeut/in)

© Der/die Autor(en), exklusiv lizenziert an Springer-Verlag GmbH, DE, ein Teil von Springer Nature 2022
J. von Buch et al., *Einführung in die Rechtspsychologie,*
https://doi.org/10.1007/978-3-662-65520-7_13

Abb. 13.1 Fortbildungs- und Qualifizierungsmöglichkeiten in der Rechtspsychologie

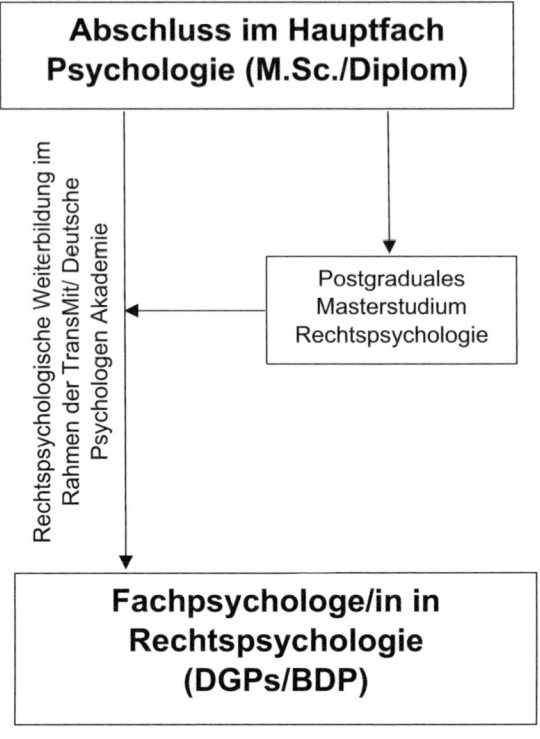

und/oder eine Approbation als Psychotherapeut/in. Die Psychotherapeutenkammern bieten ebenfalls Weiterbildungen für die Sachverständigentätigkeiten an. In der Regel sind diese Fortbildungen aber deutlich weniger aufwendig. Die Psychotherapeutenkammern sind föderal organisiert, so dass es für jedes Bundesland unterschiedliche Fortbildungsangebote und Zertifizierungskriterien gibt, was die Vergleichbarkeit erschwert. In Abb. 13.1 sind die zwei klassischen Wege zur Qualifizierung im Bereich der Rechtspsychologie dargestellt.

Gegenwärtig wird die in Abb. 13.1 dargestellte Weiterbildung durch die TransMit[1] gewährleistet und durchgeführt. Sie setzt einen Hochschulabschluss in Psychologie mit mindestens 240 ECTS psychologischer Studieninhalte voraus. Auf der Grundlage eines Curriculums im Umfang von 240 Unterrichtseinheiten und einer systematischen Reflexion der beruflichen Tätigkeit werden insgesamt 400 Unterrichtseinheiten à 45 min absolviert. Neben der Teilnahme an speziellen

---

[1] https://zwpd.transmit.de/zwpd-dienstleistungen/zwpd-rechtspsychologie/zwpd-weiterbildung-rechtspsychologie

Seminaren wird in einem Fachteam gearbeitet und es finden zusätzlich Einzelsupervisionen zur Erstellung von forensisch-psychologischen Gutachten statt. Abschließend müssen mehrere eigene Fälle (Gutachten oder auch Behandlungsverläufe) eingereicht werden. Zudem wird das theoretische und praktische Wissen in einer mündlichen Prüfung abgefragt. Die Weiterbildung schließt mit einer Prüfung ab und wird durch ein Zertifikat beurkundet. Durch die berufsbegleitende Weiterbildung wird man gezielt auf die selbstständige praktische Arbeit vorbereitet. Der Titel „Fachpsychologe/in für Rechtspsychologie" ermöglicht es zudem, Fachfremden (z. B. Juristen) einen Anhaltspunkt für die Qualität eines/r forensischen Sachverständigen zu liefern. Der Eintrag in das entsprechende Register der Föderation erfordert eine regelmäßige und nachzuweisende Fortbildung. Zurzeit gibt es verschiedene (Weiterbildungs-) Masterstudiengänge in Rechtspsychologie. Je nach Inhalt und Entsprechung der Inhalte mit der zuvor skizzierten Weiterbildung können bis zu 100% des Studiums für die Zertifizierung durch die psychologischen Dachverbände angerechnet werden. Unter anderem bieten derzeit die Psychologische Hochschule in Berlin (PHB), die Universität Bonn sowie die Universität Hildesheim Masterprogramme an. Darüber hinaus haben private Hochschulen vergleichbare Studiengänge entwickelt und auf den Markt gebracht (z. B. Medical School Hamburg und Berlin). Die Angebote unterscheiden sich jedoch hinsichtlich des Umfangs und der Schwerpunkte sowie der Kosten teilweise erheblich. Bei Interesse sollten Sie sich vertiefend informieren und ggf. Studienberatungsangebote in Anspruch nehmen.

Die grundlegende Disziplin für eine Qualifikation im Bereich der Rechtspsychologie ist, wie aufgezeigt, das Fach Psychologie. In der Wissenschaft, Forschung und Praxis arbeiten aber verschiedene Professionen zusammen. Es kann durchaus vorkommen, dass Aufgaben und Fragestellungen im forensischen Bereich aus unterschiedlichen Perspektiven bearbeitet werden. Eine klare und eindeutige Trennung der Disziplinen sowie der Arbeitsaufgaben kann daher nicht vorgenommen werden. Beispielsweise kann bei der Beurteilung des § 20 StGB (Schuldfähigkeit) von einem Gericht sowohl ein/e Mediziner/in (forensische Psychiatrie) als auch ein/e Rechtspsychologe/in beauftragt werden. Letztendlich können unter Umständen je nach Qualifikationsgrad Expertinnen und Experten aus unterschiedlichen Fachbereichen die Richterschaft oder Staatsanwaltschaft dabei unterstützen, rechtliche Fragen zu klären. In diesem Feld besteht natürlich auch ein Konflikt hinsichtlich der Kompetenzen und der Kompetenzbereiche zwischen den Professionen. Die Tab. 13.1 gibt Ihnen einen Überblick über die verschiedenen Wege, die zu einer Tätigkeit im Bereich der Rechtspsychologie führen können. Darüber hinaus finden Sie dort eine Übersicht der forensischen Disziplinen in Abgrenzung zur Rechtspsychologie.

Tab. 13.1 Forensische Disziplinen in Abgrenzung zur Rechtspsychologie

Disziplin	Studium/Ausbildung	Tätigkeitsbereich
Forensische/r Psychiater/in	Medizinstudium und Facharztausbildung für Psychiatrie und Psychotherapie mit zusätzlichem Zertifikat in forensischer Psychiatrie	• z. B. Maßregelvollzug • Erstellen von forensischen Gutachten
Rechtsmediziner/in	Medizinstudium und Facharztausbildung in Rechtsmedizin i.d.R. Promotion	• u. a. Leichenobduktion • Biologische Spurenauswertung
Forensische/r Biologe/in	Biologiestudium i.d.R. Promotion	• Forschungsinstitute • Hochschulen • Rechtsmedizin • Polizei (z. B. Spurenauswertung am Tatort)
Kriminologe/in	Studium der Rechtswissenschaften (Schwerpunkt Kriminologie) / Masterstudium Kriminologie Ggf. Promotion	• Wissenschaft • Kriminologische Dienste • Kriminalprävention
Forensische/r Sozialarbeiter/in / Pädagoge/in	Studium Soziale Arbeit / Sozialpädagogik	z. B. Bewährungshilfe/ Jugendgerichtshilfe/ Kriminalprävention/ Maß- und Strafregelvollzug
Operative/r Fallanalytiker/in („Profiler")	In der Regel Polizist/in (in einigen Bundesländern auch Psychologinnen) Bachelor-Abschluss / Diplom (FH) Verwaltungswesen und Zusatzausbildung operative Fallanalyse	• Ermittlungsunterstützung • Erstellung von Täterprofilen • Tathergangsanalyse • Geografisches Täterprofil

(Fortsetzung)

Tab. 13.1 (Fortsetzung)

Disziplin	Studium/Ausbildung	Tätigkeitsbereich
Rechtspsychologe/in	Psychologiestudium und Rechtspsychologische Weiterbildung oder Master in Rechtspsychologie	• Wissenschaft • Arbeit im Justizvollzug/ Tätigkeit im Maßregelvollzug (Forensische Psychiatrie) • Erstellen Forensischer Gutachten
Psychologische/r Psychotherapeut/in	Approbation (psychotherapeutische Ausbildung) Optional: rechtspsychologische Weiterbildung	• Behandlung von Menschen mit psychischen Störungen ambulant oder in einer Klinik • Mit Weiterbildung auch Erstellen forensischer Gutachten möglich

Stichwortverzeichnis

A
Aggressionsmodell, 12, 13
Aggressives Verhalten, 8, 11, 13, 21
Aggressivität, 11, 34
Ankereffekt, 132, 133
Anomietheorie, 8
Anti-Aggressivitätstraining, 84
Antisoziales Verhalten, 16
Attributionsfehler, 132
Aussage, 21, 52, 93, 96, 99, 102
Aussagekonstanz, 99
Aussagepsychologie, 93, 96, 101, 102
Autoritäten, 8, 11

B
Basisrate, 55–57
Behandlungsprogramm für Sexualstraftäter, 84
Bewusstseinsstörung, tiefgreifende, 25
Biopsychosoziales Modell, 12, 52

C
Confirmation bias, 132
Crime Scene Analysis, 45

D
Delinquentes Verhalten, 8
Delinquenzentwicklung, 14, 73
Dissoziales Verhalten, 8, 16

Dunkelfeld, 57, 107, 108

E
Eingangskriterium, 23, 24
Elterliche Sorge, 114
Eltern, 8, 13, 17, 71, 78, 79, 113, 114, 117–119, 121, 123–125
Entwicklungsmodell, 14, 15
Entwicklungspfad, 14, 16
Entwicklungsstand, 121
Erinnerung, 100, 101
Evaluation, 85

F
Forensische Psychologie, 2, 3

G
Gefährlichkeit, 24, 35, 46, 51, 52, 54, 59–61, 80
Gefährlichkeitseinschätzung, 35, 47, 52, 60
Gefängnis, 33, 57, 77, 84
Glaubhaftigkeit, 93, 96, 97, 102

H
Heranwachsende, 69, 94

I

Informationsverarbeitung, 12
Inobhutnahme, 124, 125
Instrumentelles Konditionieren, 10
Intelligenzminderung, 22, 23, 26
Intervention, 77
Intuitive Methode, 58

J

JGG, 65, 68–71
Jugenddelinquenz, 36, 65
Justizvollzugsanstalt, 80, 81
JVA, 24, 25, 80

K

Kindeswohlgefährdung, 114, 116, 120, 123–125
Klassische Konditionierung, 9, 10
Klinische Methode, 59
Körperverletzung, 47, 56, 66, 68, 107, 108
Kriminalität, 9, 37, 79, 105, 107
Kriminalprävention, 3, 77–79, 142
Kriminalprognose, 51, 53
Kriminalpsychologie, 2, 3, 79
Kriminelles Verhalten, 7, 9, 13, 16, 35, 46

L

Labelling, 8, 69

M

Maßregelvollzug, 30, 55, 57, 81, 84, 142, 143
Missbrauch, 80, 84, 101, 102, 107, 123
Missbrauchstäter, 85
Misshandlung, 109, 123, 125
Modelllernen, 10

N

Neutralisierungstheorie, 8

O

Operativer Fallanalytiker, 45
Opfer, 8, 12, 22, 46, 47, 54, 74, 78, 93, 94, 105–108, 110
Oppositionelles Verhalten, 8

P

Pädophiler Täter, 85
Persönlichkeitsstörung, 23, 28, 34, 37, 73, 80, 83
Prävention, 12, 77–79, 86, 108
Profiling, 46
Prognose, 3, 35, 52, 54, 55, 57, 59, 60, 115
Prognosebegutachtung, 52, 53, 55, 57
Psychoanalyse, 9
Psychopath, 33, 35
Psychopathie, 33, 35, 37, 39, 40
Psychose, 81, 119

R

Rechtspsychologie, 1, 3, 4, 7, 11, 17, 45, 46, 53, 54, 96, 134, 139–143
Reife, 65, 66, 68–70
Resilienz, 109
Risikofaktor, 14, 15, 17, 78, 79, 81, 125
Rückfall, 58, 81, 85
Rückfälligkeit, 35, 56, 59, 61, 78, 84, 85
Rückfallquote, 85
Rückfallwahrscheinlichkeit, 54, 59

S

Scheidung, 113, 114
Schuldfähigkeit, 2, 21, 22, 24, 29, 46, 47, 65, 69, 141
Schutzfaktor, 17, 53, 59, 60, 79
Seelische Störung, krankhafte, 24
Seelische Störung, schwere andere, 22, 29
Sex-Offender-Treatment-Programm, 84
Sexualdelikt, 21, 47, 56, 107, 109
Sexualstraftat, 51, 85, 106, 107
Sexualstraftäter, 35, 85
Soziale Rolle, 11
Sozialtherapeutische Behandlung, 85

Stichwortverzeichnis

Stanford-Prison, 11
Statistische Methode, 59
Störung des Sozialverhaltens, 80
Straftäterbehandlung, 47, 77, 80, 85

T
Tathergangsanalyse, 45, 46, 142
Tatzeitpunkt, 23, 29, 66, 69
THA, 46, 47
Tötungsdelikt, 47, 107
Traumatisierung, 102, 109
Trennung, 7, 113–116, 123, 141

U
Umgang, 12, 73, 82, 83, 86, 113, 116, 119, 120, 125
Umgangsregelungen, 114, 116
Urteilsbildung, 131
Urteilsregeln, 132

V
Vergewaltiger, 85
Viktimologie, 105

Z
Zeuge, 23, 46, 97, 101, 102
Zeugenaussage, 1, 96, 97

MIX
Papier aus verantwortungsvollen Quellen
Paper from responsible sources
FSC® C105338

If you have any concerns about our products,
you can contact us on
ProductSafety@springernature.com

In case Publisher is established outside the EU,
the EU authorized representative is:
**Springer Nature Customer Service Center GmbH
Europaplatz 3, 69115 Heidelberg, Germany**

Printed by Libri Plureos GmbH
in Hamburg, Germany